文
华
文
化

PUHUA BOOKS

我
们
一
起
解
决
问
题

奖金体系设计

设计 （图解版）

翁涛 著

人民邮电出版社

北京

图书在版编目（CIP）数据

奖金体系设计：图解版 / 翁涛著. -- 北京 : 人民邮电出版社, 2022.1
（赢在人力资源系列图书）
ISBN 978-7-115-58148-8

Ⅰ. ①奖… Ⅱ. ①翁… Ⅲ. ①企业管理－奖金－工资管理 Ⅳ. ①F272.92

中国版本图书馆CIP数据核字(2021)第246734号

内 容 提 要

奖金是薪酬的组成部分之一。相对于基本月薪、各种补贴和津贴来说，奖金通常是和员工的工作业绩及公司的经营业绩相关的。因此，奖金体系设计工作受到了企业管理层、人力资源部和业务部门的高度关注。用奖金把员工的工作情况与其切身利益关联起来，可以对员工起到一定的激励作用。

本书通过基本工资和浮动奖金的四个组合模式，介绍了奖金体系的基本构成。作者在书中用较大的篇幅讲述了奖金体系设计的PMT模型，并围绕这个模型详细介绍了奖金体系设计的12个要素，通过互联网公司的案例讲解了如何利用要素自检表搭建奖金体系，有高度、有深度、有广度地阐述了奖金体系设计的内容。书中既有理论知识的介绍，又提供了大量的图表和实操案例，在"案例分析"板块之后还附上了"案例启发"，帮助读者快速理解奖金体系设计工作的知识要点和操作技巧。

本书适合企业管理者、人力资源部经理、从事薪酬管理工作和奖金管理工作的人力资源专员阅读使用。

◆ 著　翁　涛
责任编辑　刘　盈
责任印制　胡　南

◆ 人民邮电出版社出版发行　　北京市丰台区成寿寺路 11 号
邮编 100164　　电子邮件 315@ptpress.com.cn
网址 https://www.ptpress.com.cn
北京七彩京通数码快印有限公司印刷

◆ 开本：880×1230　1/32
印张：5.5　　　　　　　　　　　　2022 年 1 月第 1 版
字数：120 千字　　　　　　　　　2025 年 3 月北京第 11 次印刷

定　价：59.80 元
读者服务热线：（010）81055656　印装质量热线：（010）81055316
反盗版热线：（010）81055315

推荐序

凡事皆有道　实践出真知

平时，我很喜欢看与人力资源相关的书籍，尤其是绩效和薪酬方面的图书。2021 年，我遇到了翁涛老师，便毛遂自荐为《奖金体系设计（图解版）》写一篇推荐序。

关于这本书，我有以下三个推荐理由。

理由一：这是一本关于企业奖金体系设计的实操类图书。

随着企业数字化转型的加速，以及以"90 后""00 后"为主的年轻就业群体的崛起，传统的薪酬模式已经无法满足企业的需要，更无法有效激励员工，这是企业管理者与 HR 从业者面临的共同难题。

本书从奖金的基础知识和常用理论出发，诠释了奖金体系搭建的底层逻辑；从基本工资和浮动奖金的四种组成结构到奖金体系搭建的案例解析入手，诠释了该套体系的全貌；从 PMT 模型中的奖金哲学、适用人群、薪酬结构、市场定位、衡量标准、激励上限、激励机制、计算方式、奖金类型、支付周期、事务管理等深入，为大家解读了奖金体系的设计目的和操作方法；通过奖金体系管理中的分配类型、诊断分析及迭代，让我们知道如何站在人力资源管理的角度不断优化奖金体系。

本书的最大特色就是为奖金体系设计工作中一直存在的问题提出新的答案，把难以操作的难题变得可行，把难以理解的知识点变成可以借鉴的案例。

理由二：PMT 模型——教你抓住奖金体系设计与实施的关键点。

很多 HR 从业者都是临时着手搭建奖金体系，或者要为企业今年的奖金分配方案建言献策。本书提出的 PMT 模型能够让 HR 从业者在短时间内理清思路、设计出符合企业自身特点的奖金体系。

例如，PMT 模型中的 P 有四个要素，分别为奖金哲学、适用人群、薪酬结构、市场定位。奖金哲学就是企业开展薪酬激励管理的理论依据，通俗地说就是企业管理者为什么要设计这套薪酬体系或奖金制度。"付出劳动就应该得到奖金""多劳多得、少劳少得、不劳不得""鼓励每一位员工努力工作",这些设计奖金体系的目的都可以在奖金哲学中找到答案。M 和 T 也分别有四个要素,需要 HR 从业者在日常工作中边学习边实践。

理由三:有效串联图表与案例分析板块。

《奖金体系设计(图解版)》,顾名思义,书中涵盖了 83 张图表和 35 个案例。

案例分析和启发板块中既有成功案例也有失败案例。成功案例能够让 HR 从业者在实际工作中对标优秀企业的实操经验,失败案例则能够警示 HR 从业者规避那些不必要的做法与不适合的思维方式。

HR 从业者能将本书的内容制作成 PPT 或 Xmind 思维导图,为员工进行培训,让员工了解奖金体系的激励哲学与实操流程,明确自身工作的价值。

以上就是我推荐这本书的三大理由。

抖音达人 HR 老谢
2021 年 12 月于北京

前言

　　市场环境的复杂多变、产品的快速迭代、运营成本的不断提升，激发着公司管理者不停地寻找有效激励员工的工具。于是，很多管理者自然而然地把注意力放在了奖金体系的管理上。

　　最近几年，总有做人力资源管理工作的朋友问我，怎样设计奖金体系更有效？很多时候，人力资源管理同行一脸茫然地问："翁老师，领导让我设计一套奖金管理体系。他只要求这个奖金体系好用，能够激励员工，但是他也不知道怎样设计。"

每当遇到这种情况，我就在想，有些领导的想法往往过于"直接和武断"。他们希望仅仅通过一个奖金体系就能解决激励员工"大、干、快、上"等诸多问题。

那么，到底该怎样搭建、运行奖金体系才有效呢？这也促使我产生了一个想法：把自己掌握的有关奖金体系的知识和经验梳理一下，系统地呈现给大家。

写一本专门讲述公司奖金体系的书，是我一直以来的心愿。可翻翻手边的书，专门讲解这类内容的书为数不多，可参考的内容也不是很多。所以，专门写一本奖金体系设计的书还是挺难的。如果仅仅罗列奖金体系的要素，就会显得没有主线，我们必须配合一定的理论知识，才能从更高的层面解答大家的问题。另外，对于奖金体系设计这种实战性非常强的工具书来说，如果没有一定的案例分析，就容易变成"纸上谈兵"。

为此，我在动笔之前规划了很久才逐步确定了本书的特点——既有理论介绍，又有大量实际案例，能够有高度、有深度、有广度地全面介绍有关奖金体系设计的内容。

另外，我还想和广大人力资源从业者分享一个心得：从事薪酬管理工作和奖金管理工作的朋友们需要具备一定的数理分析能力。薪酬管理从业人员基本上每时每刻都在和各种数据打交道。如何透过纷繁复杂的数据看到其背后隐藏的逻辑，是每一位薪酬管理从业人员的必修课。这里提到的数理分析能力类似于大家常说的"对数字的敏感性"，但又不仅仅如此。薪酬管理从业人员需要有全局观和严密的逻辑思维。只有多参与有关薪酬管理的项目、多进行管理实践操作，薪酬管理从业人员才会在实战中不断地总结和积累经验、提高自己的能力。

由于每家公司面临的外部环境和自身的实际情况各不相同，因此每家公司在奖金体系设计的实际操作方面也会有所不同。这就需要大家能够更多地体会和理解所在公司的组织文化、管理要求，从而提出相应的解决对策。

如果本书能够带给大家一点启发和思考，就已经起到了其应有的作用。希望大家能够在阅读的过程中给予反馈和指正。

翁涛

2021 年

目录

第 1 章　奖金体系的基础知识

1

第 2 章　奖金体系的构成

第 3 章 奖金体系的 PMT 模型

奖金体系设计（图解版）

第 4 章　奖金体系的管理

奖金体系的基础知识

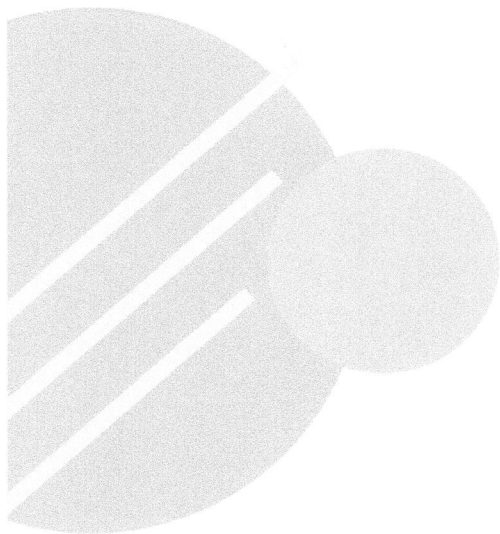

1.1　从整体薪酬看奖金

2000 年，美国薪酬协会引入并不断完善和发展了一个概念——整体薪酬（Total Rewards）。在这个概念框架里，该协会提出了五个核心要素，即薪酬、福利、工作和生活的平衡、绩效和认同、开发和职业发展机会。

针对薪酬这个术语，该协会是这样定义的："雇主由于员工提供服务（时间、努力和技能等）而付给员工的工资。"这个定义包含以下内容（如图 1-1 所示）。

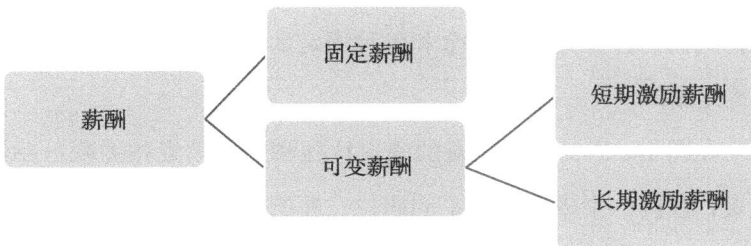

```
                        固定薪酬
                                          短期激励薪酬
    薪酬
                        可变薪酬
                                          长期激励薪酬
```

图 1-1　整体薪酬中的薪酬要素

在整体薪酬这个概念中，公司支付给员工的工资基本上包含了"薪酬"的范围。本书讲述的浮动奖金管理，更多的是属于可变薪酬里面的短期激励薪酬。如果从企业管理实践来看，管理者更喜欢采用以下员工收入的概念来归类浮动奖金（如图1-2所示）。

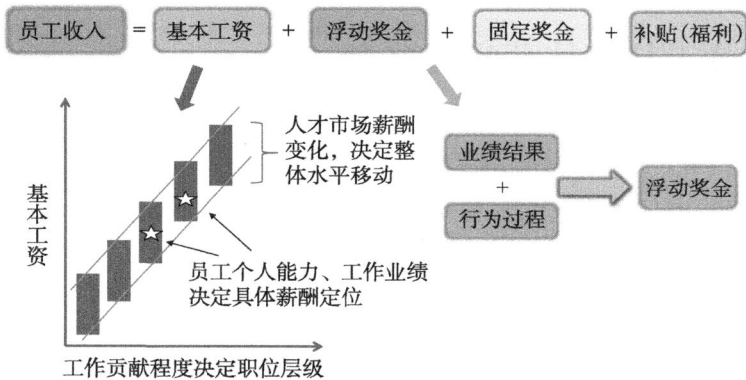

图1-2 员工收入归类

在员工收入里，基本工资就是美国薪酬协会约定的固定薪酬。在此需要向大家说明的一点是：固定薪酬不仅包括基本工资，我们往往会把固定奖金和各种固定的补贴（福利）统统归属于固定薪酬。

在图1-2中，基本工资的确定往往和几个因素相关联：一般来说，在同一个级别上的不同职位，薪酬水平会有一个范围；每一位员工的工资水平与其个人的工作能力、工作业绩有关。另外，一家公司总体的基本工资水平会跟随外部市场薪酬水平的变动而不断调整。

除了基本工资之外，管理者为了激励员工的业绩，一般会考虑设计浮动奖金。这种奖金通常是与员工的工作业绩以及为取得这样的业绩而采取的行为相关联的。浮动奖金一般都不超出一年的短期激励的范围。

有些公司除了基本工资和浮动奖金之外，还会根据公司情况向员工发放固定奖金和固定的现金补贴或福利。

（1）这里所说的固定奖金一般是指"年底双薪"或"第13月奖金"。固定奖金通常只与员工当年的在职天数相关，即只考虑员工的出勤天数，不考虑员工的工作业绩。

（2）固定的现金补贴或福利是指公司根据不同需要设定的、固定发放的补贴或福利，如职务补贴、交通补贴、防暑降温补贴等。有些公司采用现金的形式将补贴或福利合并到基本工资里一起发放；有些公司采用报销或者用购物卡、饭卡的形式来发放。因此，为了区别对待不同的形式，本书把发放"现金"的情况归为补贴，把发放"非现金"的情况归为福利。

如果我们站在整体薪酬的角度上，把奖金管理看作员工激励的一部分，我们同样可以得到更多的关于员工激励和认可的内容（如图 1-3 所示）。

在图 1-3 中，我们根据现金、非现金、短期、长期四个要素来划分不同的象限组合，以此来介绍员工激励和认可的内容。

很多管理者喜欢按照时间长短把激励手段分为短期激励和长期激励。

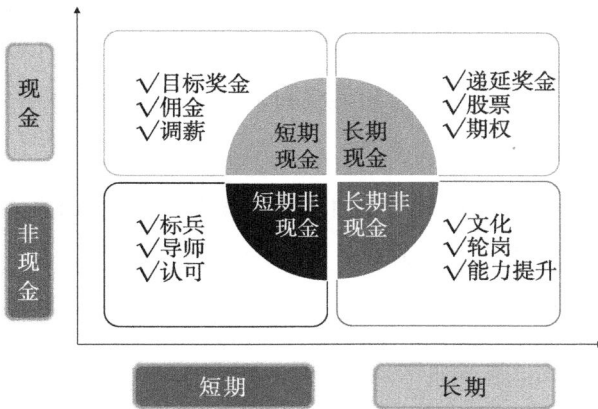

图 1-3　员工激励和认可

（1）短期激励一般是基于实现短期（年度或更短）业绩结果而实施的激励计划。通常公司施行的年度奖金等制度都属于短期激励。

短期激励的优点在于：直接关注具体目标，奖金与业绩结果强相关，管理者可以对员工进行及时奖励或及时惩罚。在组织层面可以快速做到成本和收入相匹配，并且管理灵活度高，可以根据企业当年的不同情况适当进行调整。

短期激励的缺点在于：有可能导致员工行为的短期化。特别是在金融业等某些行业，容易造成销售行为短期化，导致公司长期利益受损。

（2）长期激励一般是基于实现长期（一年以上）业绩结果而实施的激励计划。在公司管理实践中，一般超过一年的激励制度都可以归入长期激励的类型，如股票、期权、递延奖金等。

长期激励的优点在于：可以通过跨年度（或长期项目）的激励来平衡长期目标和短期目标，从而实现长期激励和保留骨干员工的作用。

长期激励较为突出的一个缺点在于：由于激励的周期长，无法根据快速变化的外部环境进行及时调整。

下面，我想针对图 1-3 中所列举的内容，介绍一下常见的激励要素。

（1）短期现金类。这里面提到的目标奖金和佣金，将在本书中重点论述。另外，管理者恰当地调整员工基本工资，也是一种很好的激励措施。

（2）长期现金类。一提到长期激励，基本上大家都会想到股票、期权。在此只是提醒大家，递延奖金也是可以发挥长期激励作用的。递延奖金就是把原本可以一次性或应该在当年发放的奖金，分成若干份在接下来的若干年里发放。具体的做法请参见图 1-4 的示例。

在图 1-4 的示例中，当年应该发放的浮动奖金会被分成三份，企业在接下来的三年里分别发放给员工。这笔奖金在未来三年是否能发以及发放金额，往往与未来三年的某个当期业绩指标相关联。从这个角度看，递延奖金的作用是确保员工不能为了某一年的业绩达标而伤害公司未来业务的持续发展。

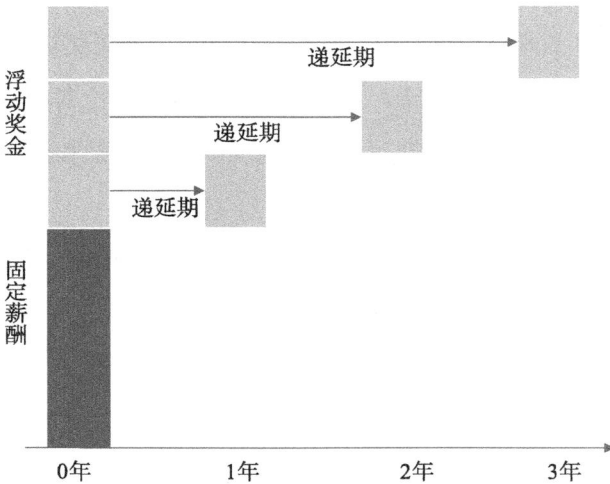

图1-4 递延奖金的发放机制

（3）短期非现金类。常见的激励形式包括年度的销售标兵评选、技术支持标兵评选等。当前，越来越多的公司认识到即时奖励、即时激励所产生的重大作用。因此，很多公司开发出了即时奖励的工具。还有些公司设计了员工之间可以互相表达感谢的方式，以此提高短期非现金类项目的作用。

（4）长期非现金类。公司对员工的激励还可以从整体文化氛围、职业发展机会等角度入手。这就回应了美国薪酬协会在"整体薪酬"定义中提到的"开发和职业发展机会"。公司只有从对员工实施长期激励的目的出发，真正了解员工加入本公司的动机，才能提供有针对性的激励措施。

1.2　关于奖金的若干观点

1.2.1　奖金应该用于奖励超额的业绩结果还是达到目标要求的工作

当前，很多公司设计的员工薪酬结构里面都有基本工资和浮动奖金。但对于奖金应该"奖"什么，似乎没有太多的讨论。

在图 1-5 中，存在浮动奖金和员工业绩结果相对应的两种模式。

奖金只针对超额业绩的模式

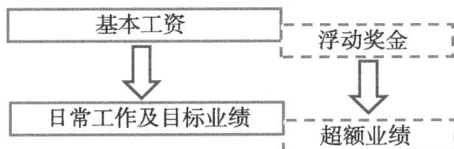

奖金针对目标业绩和超额业绩的模式

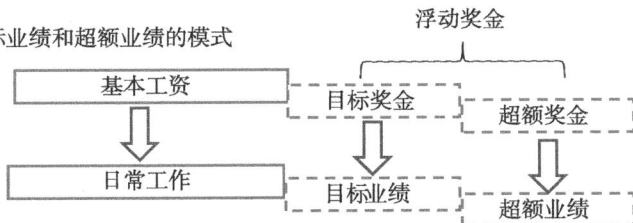

图 1-5　奖金和业绩的对应关系

第一种模式，浮动奖金只针对员工产生的超额业绩。管理者认为，员工承担某一个岗位的工作职责，与这个岗位职责相对应

的就会有一定的工作目标。员工完成这个工作目标而产生的业绩
即目标业绩。员工的基本工资已经涵盖了目标工作结果，而公司
发放奖金的目的在于激励员工更加努力地工作，以获得超额的工
作业绩。因此，如果员工没有取得超出预期目标的工作业绩，公
司就不再为员工发放奖金。

第二种模式，浮动奖金针对的是员工的目标业绩和超额完成
业绩的情况。公司向员工发放基本工资的前提是员工完成该职位
需要完成的常规性、流程性工作。员工获得浮动奖金的前提是员
工完成每年调整的工作目标。在设定员工的工作目标的时候，往
往会有"目标内容"和"挑战内容"。员工完成目标内容就会得
到相应的目标奖金；一旦完成挑战内容，员工就会获得更多的
奖金。反之，如果员工没有完成目标内容，则会被扣除相应的
奖金。

1.2.2 企业使用浮动奖金的管理手段只是为了节省成本

站在成本管理的角度看，企业采用"低基本工资＋高浮动奖
金"的模式，把奖金支付金额与员工或公司的业绩结果相关联：
每一位员工的业绩好，公司总体的业绩就会好；公司业绩好、盈
利多，就能多给员工发奖金；反之，公司业绩差、盈利少，能够
发放的奖金就会少。这样看来，采用高浮动奖金的模式确实能够

起到节约企业成本的作用。但是，一味地把设定浮动奖金当作企业节约成本的手段，就显得有点本末倒置。正如前文所述，奖金管理是整体薪酬管理的一部分，其根本作用是为了吸引、激励和保留员工。因此，奖金比例仅仅是一个结果，管理者不能认为设定浮动奖金就是为了节约成本。

1.2.3　浮动奖金的占比越高越有利于实现业务目标

合理的浮动奖金比例会受到若干因素的影响，如该行业常用的奖金比例、公司员工总收入的构成等。另外，员工能够拿到多少奖金，往往和其工作目标的设定有关。例如，某公司为了提高销售人员的工作热情，使其更好地完成工作目标，管理者提高了员工的奖金比例：销售人员的奖金比例从总收入的 10% 调整为30%～40%。与此同时，管理者也大幅提高了公司的销售目标。但是，令管理者没有想到的是，销售人员普遍认为新的销售目标是不太可能达成的，因此大家对高比例的奖金并不感兴趣，奖金也就没有起到它应有的激励作用。

1.2.4　奖金就是"大锅饭"

实际上，浮动奖金和"大锅饭"并无关联。每一位员工获得的实际奖金收入可能会差距很大，也可能会很接近。之所以会让大家觉得奖金就是"大锅饭"，主要原因可能有以下两个。

（1）来自奖金管理之外的因素——企业文化、公司发展历史、管理氛围等的影响。如果企业文化始终是倡导员工、团队之间协同一致，鼓励团队合作的精神，重视公司、团队业绩导向，那么管理者在奖金分配上一般会重视整体的感受，员工实际获得的奖金金额差距不大。

（2）来自奖金管理内部的因素。在设计、实际操作奖金管理的时候，由于 HR 从业人员采取的操作模式不恰当，从而导致奖金分配没有体现出差异性。例如，在设计奖金要素的时候，过多地考虑公司、团队业绩对员工个体奖金金额的影响；在发放奖金的时候，有些公司直接把部门的奖金包全部划分给部门的业务经理，业务经理再次分配的时候可能会出现平均分配的情况。

1.2.5　浮动奖金主要应用于销售岗位

除了固定工资，有些公司还会通过发放一定的浮动工资来激励各个岗位的员工取得良好的业绩。因此，浮动奖金的适用对象不仅仅局限于销售人员，只是针对销售人员的浮动奖金制度在各家公司应用得比较广泛。

1.2.6　浮动奖金的发放金额应该根据量化的指标来管理

一些公司在为员工发放奖金的时候，往往会将奖金数额与员工的绩效结果相关联，由此让管理者认为：发放奖金时，应该实行量化的指标管理；奖金的量化指标越多，分配结果才会更加公平和严谨。实际上，纵观多家公司在奖金管理上的实践，量化指标管理并不是必需的。在某些职能领域，奖金的发放是可以与量化指标关联的，如销售人员的奖金管理，特别是销售佣金（销售提成）的管理；但是，有一些职能部门就很难设定量化指标，如行政管理部门。因此，奖金不是绝对依靠量化指标计算出来的。

1.2.7　浮动奖金的发放频率越高越好

奖金的发放频率应综合考虑本公司的产品特征、行业特征等诸多因素，不能一概而论。例如，为了激励销售人员的工作，某公司的薪酬管理人员计划按照月度来发放奖金。但是，他在咨询了财务部之后发现，财务部不能在月度报表中看到准确的销售财务指标。按月发放奖金就可能会给公司的财务成本带来负面影响。

不同的奖金发放频率可能会在员工激励和保留问题上产生不同的影响。例如，某公司采用季度发放奖金的频率，而竞争公司采用年度发放奖金的频率，显然该公司的激励频度高于竞争公司，可以实现及时激励的目的；但是，由于奖金发放频率高，也容易造成员工"拿钱走人"的现象，奖金在保留员工方面的作用就明显降低了。

因此，奖金发放的频率需要公司管理者综合考虑诸多因素来确定，并非发放频率越高就越好。

1.3　与奖金有关的常用理论

有关奖金、激励领域的理论研究很多。本节提及这个内容的目的并非是理论分析，而是帮助薪酬管理人员在实际工作中灵活应用这些理论知识。

1.3.1　冰山理论

1895 年，心理学家弗洛伊德在与布罗伊尔合作发表的《歇斯底里研究》一书中首先提到了"冰山理论"。后来，海明威在其纪实性作品《午后之死》中也提及了"冰山理论"。管理学中所述的"冰山理论"是源自大卫·麦克利兰（David McClelland）提出的素质冰山模型。

由于密度的原因，冰山总是飘浮在海面上。冰山露出海面、被大家看到的只是很小的一部分，其主体部分在海面以下，不能被直接观察到。

素质冰山模型就是借用这样的物理现象来阐述员工的素质和行为表现。该模型把员工的全部才能看做一座冰山，该员工表现出来的行为、拥有的知识和技能等就相当于冰山显露在海面上的、能被人们看到的部分。海面以下的、人们看不到的部分其实远远大于前者，包括员工的社会角色、自我形象、特质、动机等。这些海面以下看不到的地方却在更深的层次上影响着员工的行为表现。

冰山理论带来的启发是：当管理者考虑实施员工激励措施的时候，需要考虑员工深层次的动机和需要。例如，某位员工为什么会选择到这家公司工作呢？是为了职业发展、高工资、稳定的工作环境还是什么原因？这些问题都需要管理者与员工用心沟通交流后才能获得答案。只有针对员工需求，采用适当的措施和手段来激励员工，才能获得应有的效果。

1.3.2 马斯洛需求理论

这是比较早的研究人类需求、激励行为的理论。马斯洛需求理论认为：人的行为受到其内在需要的激励，并且这种内在需要是相互关联、具有先后顺序的，即生理需要、安全需要、社会需要、尊重需要和自我实现需要。当低层级的需要得到满足之后，高层级的需要才会变得具有激励性。

在管理实践中，管理者在设计和实施奖金体系时，就需要确保该体系具备一定的激励性。这种激励性应该确保基本工资（固定收入）能够满足员工的基本生活需要。这就需要管理者在考虑工资总额的时候明确固定薪酬和浮动薪酬的比例，否则单纯的奖金收入并不会产生激励作用。另外，管理者应考虑到员工的需要是有不同层次的，奖金的激励措施应该能够与其他激励手段结合在一起，从满足员工的成就感、社会存在感等多个角度出发，达到激励的目的。

1.3.3　赫兹伯格的双因素理论

双因素理论的主要论点是：员工激励受到两类因素的影响——保健因素（或称维持因素）和激励因素。缺乏保健因素，会对员工的基本生活需要、安全需要等产生不良的影响，但是充足的保健因素也不会产生激励作用；充足的激励因素能够让人感到满足感，同时产生激励作用，如认同感、实现晋升、成就感等。

在管理实践中，固定工资只是满足了员工的基本生活需要，属于保健因素，但它不具备激励作用。当然，固定工资中不仅包含基本月薪，还有固定补贴、津贴、"年底双薪"等。即便这些内容很丰富、金额很高，也不会起到足够的激励作用。但是，如果取消或减少这些固定收入，员工就会感到不满意。浮动奖金属于激励因素，它能够激励员工取得更高的绩效并获得满足感。公司管理者应该将奖金计划与员工的认可计划、非现金激励等手段结合起来，更好地发挥它们的激励作用。

1.3.4　亚当斯的公平理论

公平理论的主要论点是：员工努力工作并取得一定的绩效之后，就会得到相应的奖励。员工在拿到奖励的时候，会评价该奖励与自己付出的努力之间的"投入 - 产出"是否公正、对等。如果员工评价这种"投入 - 产出"是公正的，奖励就具有激励作用。换言之，浮动奖金能否起到激励作用，并非只看奖金的具体金额，还取决于奖金与员工付出努力是否成正比。

公平理论在管理实践中的启发是：管理者要公正、客观地评价员工的工作结果，奖金的支付要和业绩结果充分关联，不同业绩结果的奖金要适当拉开差距，让高绩效员工认为其获得的奖金与付出的努力成正比，这样的奖金体系才具备激励作用。这一点在设计销售人员奖金管理体系的时候尤为重要。例如，甲和乙是两位同级别的销售人员，他们分别负责东区和西区不同产品的销售工作。某年他们的年度销售业绩基本相当，根据销售业绩，公司给两人发放同样的奖金，这样做貌似是公平的。但是，管理者在考虑奖金分配的时候，除了比较业绩结果之外，还应比较他们各自在取得业绩的过程中付出的努力是否一样。因为销售区域存在"盐碱地"和"鱼米之乡"的区别，产品也存在"成熟产品"和"新产品"的区别，这就会导致两位销售人员为了取得同样的业绩，付出了不同的努力。此时，如果公司向他们发放相同的奖金，他们中的某人就会感到不公平。

1.3.5　维克托·弗鲁姆的期望理论

期望理论的主要论点是：员工的激励需要从三个方面入手，即期望、关联信心、效价。也就是说，员工的行为来自于几个方面：对未来的预期——员工对自身能否完成工作的能力判断；员工对完成业绩之后，组织能够给予自己奖励的信任程度；员工对组织给予奖励报酬与个人价值判断的体现。

在管理实践中，公司应通过推行奖金政策让员工感觉到，其自身具备一定的能力来完成任务（让员工具备一定的预期）；要有明确的工作职责、绩效考核标准，业绩和奖金的关联必须明确且能够落实；员工能够切实感觉到奖金的激励作用。换言之，薪酬管理人员在设计奖金体系并实施奖金管理的时候，需要和目标管理进行有效关联，还要做好与员工之间的沟通工作。

1.3.6　斯金纳的强化理论

强化理论的主要论点是：人的行为会受到其所获刺激的影响并随之调整。如果这种刺激对他有利，这种行为就会重复出现；如果对他不利，这种行为就会减弱直至消失。根据这种刺激的性质和目的，可以将其分为正强化和负强化两种类型。

在管理实践中，公司如果希望持续激励员工产生某种高绩效行为，就应该把奖金和业绩考核目标进行紧密关联，并持续进行考核，对员工的行为进行反复刺激；反之，如果公司希望员工减少或抑制某种负面的工作行为，则可以通过取消奖金来产生负强化作用。久而久之，公司内部就会形成一种正向的刺激，激励员工努力工作。

第 2 章

奖金体系的构成

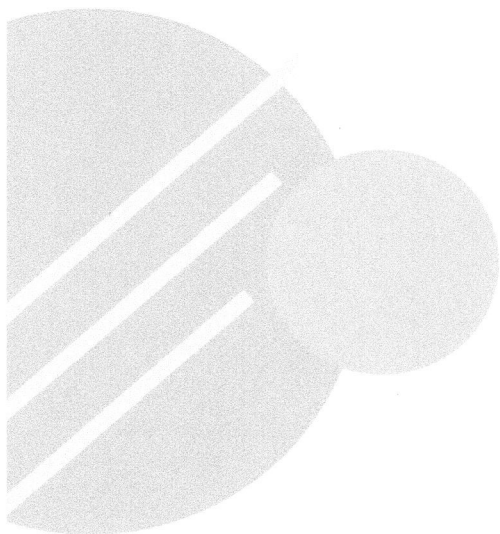

2.1　基本工资和浮动奖金的组合结构

按照狭义的员工收入公式，员工收入的主体由基本工资和浮动奖金构成。在管理实践中，常见的组合模式主要有以下几种。

2.1.1　纯粹基本工资（固定工资）模式

员工的工资收入是固定的部分，即无论员工、公司或团队业绩如何，员工的收入都是固定的金额。

在当前的企业管理实践中，这种模式一般只见于公司的初创阶段，或只用于行政支持类人员。这种模式基本上没有激励作用，员工的收入多少，往往取决于其在加入公司时的"谈判"技巧，员工也会因此产生不公平的感觉。

这种模式最大的优点如下。

（1）对公司而言，这种模式易于操作、计算简单，便于管理者针对员工在收入方面的疑问进行解释。

（2）对员工而言，收入有保障，员工基本不用担心由于个人业绩或公司业绩的波动造成个人收入的变化。

2.1.2 基本工资（固定工资）加目标奖金模式

员工的工资收入包括基本工资和目标奖金两个部分。目标奖金通常是与员工的业绩达成情况相关联的：员工创造高业绩就会得到高额奖金；员工创造的业绩低，员工就只能拿较低的奖金。

目前很多企业都采用这种模式。目标奖金的适用范围比较广泛，并且可以综合评价员工的各种业绩结果，而不局限于销售人员。当然，相比接下来即将介绍的佣金模式而言，其激励力度小于佣金，而且由于目标奖金往往包含若干要素，其激励的方向并不非常直接。

2.1.3 基本工资（固定工资）加佣金模式

这种模式是指员工的工资收入中除了固定的基本月薪之外，还包含与某个单位的销售结果相关联的佣金。采用佣金模式的企业，往往都追求目标结果和员工个人付出的强关联性。这种模式最常见的就是针对销售人员的奖金激励，如图2-1所示。

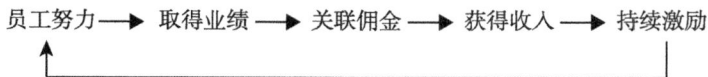

员工努力 ➡ 取得业绩 ➡ 关联佣金 ➡ 获得收入 ➡ 持续激励

图 2-1 员工付出与佣金的关系

相比目标奖金模式，佣金模式更加简单明了：抓住一个或几个关键业绩指标，把这几个业绩指标的结果和员工收入紧密结合，形成一种"强关联模式"。同时，佣金模式的支付周期往往比较短，员工立刻就能享受到自己的付出所带来的回报。

当然，正是因为佣金模式的周期短、见效快，很容易导致员工产生追求短期效应的行为，不利于员工队伍的稳定。

2.1.4　基本工资（固定工资）加目标奖金和佣金混搭模式

不论是目标奖金还是佣金，公司采取这种混搭模式都是为了激励员工。需要澄清的是，我们这里所说的混搭模式，是指针对同一类员工同时应用目标奖金和佣金的两种激励手段。在有些公司中，公司对一线销售人员采用佣金模式，对后台业务支持、行政支持人员采用目标奖金模式。这样的选择并非我们所说的混搭模式。

在企业的管理实践中，目标奖金和佣金是可以叠加的。只不过，两者叠加时管理者需要明确其比例分配以哪一个为主。

如果仅仅从员工个体的激励措施来说，目标奖金模式相对复杂。通常可能是在目标奖金的基础之上，对某些具有战略意义的产品或新产品采用佣金的模式，即针对某一个领域进行强化激励。

如果公司对销售人员已经采用了佣金的模式，还要叠加目标奖金，那就是在原本简单的机制上增加了更加复杂的内容。但是，有一种情况是管理者可以考虑的：对销售人员采用佣金的形式，同时销售人员还参与公司总体目标的奖金分配。换言之，员工不仅可以根据各自的业绩获得销售佣金，而且在年底或季度末可以根据公司总体业绩情况获得相应的目标奖金。

总之，目标奖金和佣金的作用是一样的，都是为了激励员工，一般不建议公司将二者叠加使用。目标奖金和佣金叠加模式的计算方法过于复杂，不利于管理者与员工进行沟通，也不利于员工理解，并且在实施过程中管理者需要详细地记录并进行追踪，增加了公司的管理成本。

2.2　奖金体系的搭建

奖金体系的搭建往往和公司的成长历程有关。公司的成长一般分为初创期、成长期、成熟期、持续发展或者衰退期。在初创期，由于公司的业务模式、业务形态等不完全明确，这时管理者很少具体提及奖金的问题，有些公司会采用长期激励的措施（如股票、期权等）来吸引和激励员工。随着公司业务和人员规模的不断扩大，公司进入成长期后，管理者需要运用制度化、流程化的管理方式来约束和规范内部管理，这时奖金体系搭建工作就会被提上公司的工作日程（如图 2-2 所示）。

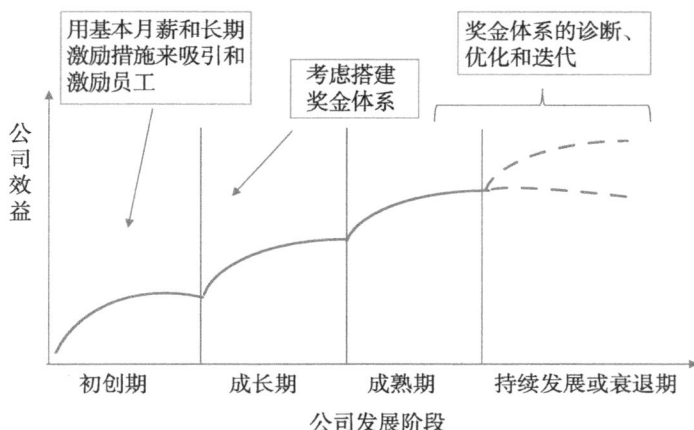

图 2-2　公司成长阶段和奖金管理的关系

　　因此，从零开始搭建奖金体系的情况通常不会出现在公司发展历程的早期和后期。从组织规模看，公司一般在发展为中型、大型、超大型公司之前，就已经建立了奖金体系。对于具备一定规模的公司而言，即便把现有奖金体系推倒重来，管理者也会或多或少地考虑新旧体系的过渡问题。

　　从零开始搭建奖金体系，和诊断、迭代工作略有不同，搭建工作反而具有一定的规律性，具体如图 2-3 所示。

　　虽然图 2-3 中的流程是按照箭头所指方向向下进行的，但是在任何一个阶段通过数据测算出来的结果不支持奖金哲学的时候，我们都需要及时返回第一阶段，并立刻向管理层澄清奖金哲学。

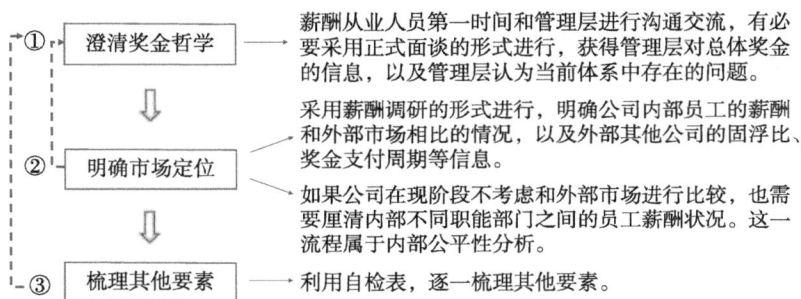

图 2-3　奖金体系搭建流程图

结合处于成长期的企业的特点，企业管理者从零开始搭建奖金体系时需从外部和内部两个方面来考虑。

（1）外部情况。采用跟随外部市场或其他同业公司的模式会比较稳妥。毕竟公司整体业务刚刚开始稳定，这个时候的奖金体系无须太过激进或者保守，和竞争公司相似就可以了，具体包括固浮比、奖金周期、覆盖人员、计算方式等。

（2）内部人员管理。如果公司采用佣金模式，比较强调个体的贡献，这时，佣金往往反映的是销售人员的业绩情况，公司对其他人员的奖金管理，则多采用比较温和的模式；如果公司采用奖金的模式，就可以多结合自身总体业绩结果（如采用利润分享的模式）。这样做的好处是可以避免过多重视员工个体奖金，而忽视公司总体业绩结果。

【案例分析】　互联网公司利用自检表搭建奖金体系

有一家成立一年多的互联网公司，公司主要从事网络安全的研发工作，公司的业务方向聚焦在研发领域。由于公司目前处于先期投入阶段，内部人员以研发为主，还有少数销售人员。为了吸引人才，公司在成立之初就建立了期权体系，该体系在初期招聘工作中发挥了很大的作用。随着公司规模的不断扩大，越来越多的研发人员加入公司。他们各自的经历、背景不同，对薪酬的期望也不同，这就给公司带来了一定的经济压力。在公司成立一年的时候，管理层开始觉察到这种压力。他们希望在年底建立适当的奖金体系，目的是既能激励员工，又能完善员工的薪酬结构。

项目开展之初，薪酬经理就向管理层仔细询问了有关奖金哲学的问题。同时，结合公司外部市场定位情况，大体明确了奖金管理的总体框架。薪酬经理的奖金体系搭建自检表如表 2-1 所示。

表 2-1　奖金体系搭建自检表

模型	要素	可能的调整内容、方向及存在问题
P	奖金哲学	从零开始建立奖金体系。最大程度地和本行业总体做法保持一致
	适用人群	公司规模不大，并且以研发人员为主。因此奖金体系应适用于全体人员。不希望在适用人群上区分不同的奖金内容
	薪酬结构	改变固浮比可以达成目标
	市场定位	总体水平和外部市场其他公司接近即可

模型	要素	可能的调整内容、方向及存在问题
M	衡量指标	公司采用扁平化管理，衡量指标都是个人工作目标。公司总体业绩水平可以作为启动的"触发器"
	激励上限	和外部市场其他公司接近即可
	激励机制	和外部市场其他公司接近即可
	计算方式	和外部市场其他公司接近即可
T	奖金类型	采用目标奖金的形式，不采用佣金的形式
	激励目标	激励目标的设定力求简化，只突出员工个人的工作要素
	支付周期	每年支付一次
	事务管理	奖金管理制度力求简单、易于沟通，从而降低为此付出的额外的管理成本

在表 2-1 中，特别有意义的信息就是：明确了奖金哲学是以跟随市场惯常做法为主，接下来就是考察当前公司的薪酬水平和外部市场的比较情况。为此，薪酬经理需要整理公司所有人员的薪酬福利状况，用一张表格汇总信息，看看是否存在某些特殊情况。这就为将来的落地实施预留了伏笔。之后，薪酬经理要寻找适合的外部市场薪酬调查报告，把本公司的薪酬水平与外部市场的水平进行比较分析。

具体操作内容如下。

（1）梳理现有员工的所有薪酬信息，薪酬经理总结发现：本公司的员工薪酬以固定的基本月薪为主。个别员工会有一些固定的特殊津贴（如停车费等交通补贴），这些固定的特殊津贴在员工总收入中占比不大。因此，薪酬经理可以不考虑这些个别人员的特殊情况。

（2）以跟随市场惯常做法为主，把本公司薪酬数据和外部市场的薪酬数据进行比较。薪酬经理可以采用对比员工年度总现金的方式。这样做的好处是，不管各家公司的基本月薪、固浮比、补贴情况如何，只需看员工年度总收入就可以了。针对从零开始搭建奖金体系的情况，采用将本公司的固定收入与外部市场的固定收入进行比较的方法更加可行，然后参考外部市场上其他公司通用的固浮比。

为此，我们比较了一下本公司员工的固定收入和外部市场总固定收入的情况（如图 2-4 所示）。

年度固定收入比较

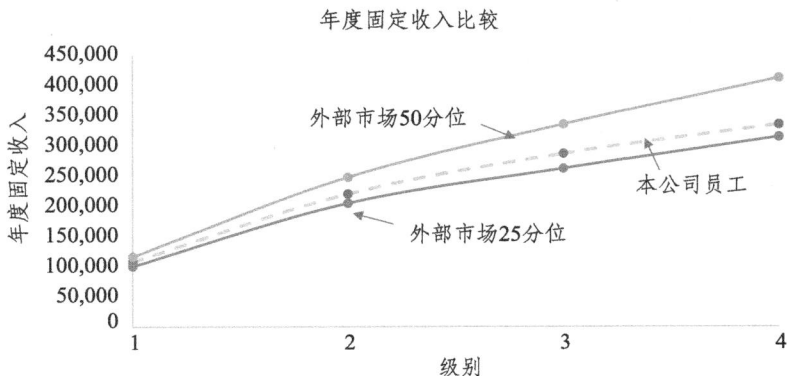

图 2-4 本公司薪酬水平和外部市场的薪酬水平的比较

同时，考察了外部市场的固浮比情况（如图 2-5 所示）。

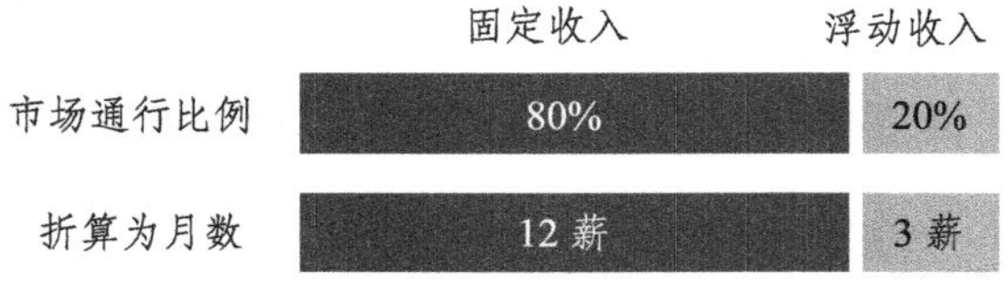

图 2-5 外部市场的固浮比

根据以上对比情况，总结市场定位分析的结果如下。

① 总体来说，与外部市场薪酬水平相比，本公司的薪酬水平处于外部市场 50 分位和 25 分位之间的"通道"里；

② 随着职位层级的提高，本公司的员工薪酬竞争力呈现下降趋势。

针对以上情况，得出如下结论。

① 之所以出现员工收入比外部市场 50 分位水平略低的情况，是因为公司处于初创阶段，需要控制成本。公司会在日后的年度调薪计划中，根据员工业绩情况逐步进行调整。这样一来，既可以让员工的薪酬追上市场水平，也可以借此区别员工业绩，让骨干员工和普通员工的薪酬水平逐渐拉开距离。

② 随着职位层级的提高，员工在现金收入方面的竞争力有所下降。但是，公司管理层已经采用长期激励的办法来弥补这方面的不足。

③ 结合外部市场的情况，以及公司当前财务状况，考虑把目标奖金定位在 2 个月的月薪的金额。

④ 结合外部市场通常做法，为鼓励优秀员工，公司可以把激励上限设定为两倍。即优秀员工的奖金可以是他 4 个月的月薪的金额；反之，低绩效员工没有奖金（如图 2-6 所示）。

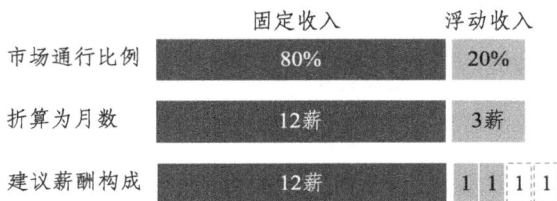

图 2-6　奖金构成建议

最后，该公司的奖金体系搭建总结如表 2-2 所示。

表 2-2　某公司奖金体系搭建的要素情况表

模型	要素	可能的调整内容、方向以及存在的问题
P	奖金哲学	总体奖金体系和外部市场保持一致
	适用人群	全体员工
	薪酬结构	目标奖金为 2 个月的月薪的金额
	市场定位	总体水平略低于外部市场 50 分位，以后逐年通过调薪的方式解决
M	衡量指标	仅仅是员工个人工作目标。公司总体业绩水平可以作为启动的"触发器"
	激励上限	目标奖金的两倍
	激励机制	和业绩考核结果关联。业绩考核结果分为 1/2/3/4/5。对应奖金支付比例分别为目标奖金的 0/50%/100%/150%/200%
	计算方式	计算简单，仅仅是员工个人业绩，不引入复杂的"加""乘"模式

模型	要素	可能的调整内容、方向以及存在的问题
T	奖金类型	采用目标奖金的形式，不采用佣金的形式
	激励目标	激励目标的设定力求简化，只突出员工个人的工作要素
	支付周期	每年支付一次
	事务管理	奖金管理制度力求简单、易于沟通，降低为此付出的额外的管理成本

以上所有要素会落实在内部管理制度上。薪酬经理可以利用内部会议先向管理层汇报，再向员工解释，以逐级沟通、全员推广的形式使全新的奖金体系实现落地实施。

【案例启发】 建立奖金体系时，明确奖金哲学很重要

对于公司从零开始建立奖金体系的情况，最重要的因素就是薪酬经理要向管理层明确奖金哲学。这种沟通交流不是一蹴而就的。毕竟管理层不是人力资源管理方面的专业人士，他们只能从宏观层面思考一些战略性、总体性的问题。人力资源从业人员需要逐步帮助管理层不断地澄清想法。

在从零开始建立奖金体系的时候，还存在另外一种可能性，那就是管理层没有任何想法，只希望人力资源从业人员提供一套切实可行的制度。这时最"安全"的做法就是采用如图 2-3 所示的流程搭建奖金体系。虽然不清楚奖金哲学，但薪酬经理可以先和外部市场进行比较。这种对比工作要尽可能多地收集外部市场的惯常做法，不仅要包括薪酬信息，如固定收入、总收入、固浮比的比较，还要包括奖金激励上限、发放周期、计算方式等。换言之，薪酬经理要尽可能多地收集外部市场信息，将其提供给管理层，作为决策的参考依据。

在收集信息并汇报的过程中，人力资源从业人员还要利用自身专业知识和经验，结合公司情况，将某些要素设计得"高于"或"低于"外部市场。

最后，人力资源从业人员开展建立奖金体系这项工作时，必须重视公司财务部的意见。也就是说，人力资源从业人员要有成本意识。我们设计奖金的每一个环节，都可能会增加公司的人工成本，而这种成本的增加往往有一定的刚性。所以，在此提醒人力资源从业人员要重视公司层面的财务指标。

第 3 章

奖金体系的 PMT 模型

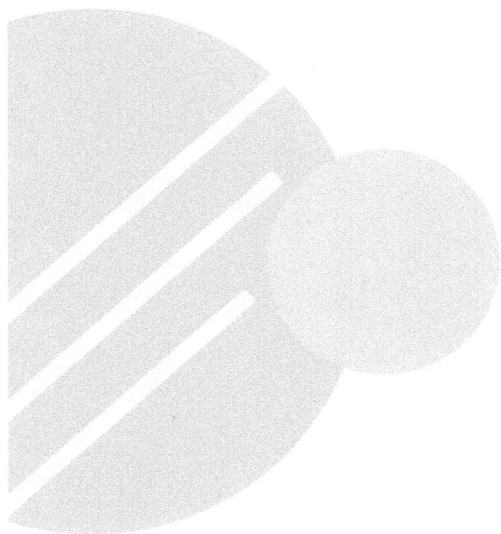

在薪酬福利的整体框架内，奖金属于可变薪酬的一种。和固定薪酬相比，奖金体系的搭建和构成要素相对独立，而且看起来比较"散"。有些要素之间没有特别明确和严谨的逻辑关系。这也是很多人力资源从业人员在设计、实施奖金体系的时候，往往感觉抓不住"关键点"的主要原因。为此，本章会把奖金体系的所有构成要素一一列举出来，并逐一分析。这就像在建造一座大厦之前，工程师需要先搞清楚每一块砖瓦的特性，然后论述如何将它们有机地组合起来。

整体来说，奖金的构成要素一共可以分为 12 个。这些要素之间既相互独立又相互关联。我们在逐一分析的时候，难免会把某一个要素和其他要素进行关联阐述。为了方便大家更好地记忆，我们抽取这些要素的英文单词中的一个字母，构成 PMT 模型，如图 3-1 所示。

图 3-1　奖金体系的 PMT 模型

3.1　PMT 模型中 P 的四要素

3.1.1　奖金哲学

奖金哲学（Philosophy）是薪酬哲学在奖金管理上的具象化说法。在企业的管理实践中，常会用到薪酬哲学的概念。薪酬哲学是企业开展薪酬管理的依据。虽然在各种文献中的描述不尽相同，但总体来说，薪酬哲学需要解决的是公司关于薪酬支付的价值观问题，即企业支付薪酬的目的。在此，我们也要分析一下企业支付奖金的目的。

表 3-1 展现了奖金哲学在日常管理实践中的作用。

表 3-1　奖金哲学的管理应用

公司支付奖金的目的	奖金支付背后的价值观	具体实践操作
"付出劳动就应该得到奖金""员工付出了时间、精力参加培训、学习技能，公司就应该发奖金"	奖金看过程	奖金发放主要考虑员工工作的"辛苦"。换言之，对于员工为了提高个人工作技能而投入个人的时间和精力积极学习的行为，公司可以考虑在奖金发放方面有所倾斜
"奖金的支付标准是员工的工作业绩""多劳多得、少劳少得、不劳不得"	奖金看结果	持有这种观点的管理者，在设计和制定奖金制度的时候，一定会将奖金与员工的业绩结果相关联，鼓励员工获得更好的业绩结果。换言之，员工的业绩越好，他拿到的奖金就越多
"奖金主要是用于奖励员工的技能""员工的个人技能越高、个人职称级别越高，公司为其支付的奖金就应该越多"	奖金看技能	这样的观点是鼓励员工提高个人技能水平。在这种情况下，员工会热衷于职称评定、考取相应职业技能证书等。这样的观点更加重视结果（如证书、职称评定等），本表中列举的第一种实践（奖金看过程）更重视员工付出辛苦的过程

公司支付奖金的目的	奖金支付背后的价值观	具体实践操作
"奖金是鼓励每一位员工在工作中努力向前冲""冲！冲！冲！个人业绩好，奖金就高"	奖金看个人业绩	在奖金框架、分配原则、关联指标等因素的设计与操作过程中，管理者更重视奖金与员工个人贡献情况的关联
"奖金的发放主要看团队整体的工作业绩"	奖金看团队业绩	每一位员工的奖金更多的是依赖于团队、部门甚至公司整体业绩的结果

从表 3-1 中可以看出，不同的价值观反映了不同的底层逻辑，从而带来不同的具体操作。因此，薪酬管理人员在设计奖金体系之初，就要明确奖金哲学。

不同的奖金哲学会产生不同的分配效果。很多公司在分配奖金的时候，都是采用奖金包层层划分的办法。换言之，只有公司有盈利，才能有公司总体的奖金包，然后才会有部门的奖金包，以及员工个体的奖金。假设两家公司的总体奖金包一样，但是奖金哲学不一样，那么在奖金分配上，传递给员工的信息也会大相径庭（如表 3-2 所示）。

表 3-2　不同的奖金哲学对于奖金分配的影响

奖金哲学	重视员工个人绩效	重视员工分享公司成功
奖金分配机制	从公司层面分配总奖金包，然后在各个部门之间分配奖金包，最后部门经理根据员工个人业绩分配奖金	在员工的奖金结构中，按照公司、部门、团队的业绩比例将部门总体奖金包分配给部门经理时，经理只能调整和员工业绩相关的部分奖金
奖金分配结果	由于员工奖金基本上是和个人业绩相关联的，同一个部门的员工的奖金差异很大	在奖金结构中，影响员工个人业绩的比例仅占一部分，所以在同一部门内部，甚至同一公司内部员工的奖金差异不大
员工感受的信息	员工业绩好，公司业绩就好；公司业绩好，奖金总额就高；高业绩员工的奖金就能更多	每个人的业绩对总体奖金的影响不大
吸引外部员工	可以吸引高绩效人才加入公司	不具备吸引高绩效人才的作用，但有一定的保留人才的作用

在奖金管理的操作过程中，有一个非常重要的原则就是一致性原则。因为奖金发放往往会涉及全体员工（或很多员工）的切身利益，任何一点调整都有可能会对员工收入造成影响。所以，奖金管理工作一定要坚持一致性原则。如果内外部情况没有发生大的变化，HR 从业人员就不要轻易调整奖金管理的各个要素。

3.1.2 适用人群

任何管理制度都有一定的适用人群（Participant），奖金管理也不例外。在设计奖金体系之前，薪酬管理人员一定要明确哪些人适用哪种奖金类型。特别是对于业务类型复杂的大型公司来说，薪酬管理人员在考虑奖金体系适用人群的时候，需要有清晰、明确的划分标准。

综合来说，对于适用人群的划分方法，有以下几种方式供大家参考，如表 3-3 所示。

表 3-3　适用人群的划分方法

方法	具体描述	特点	适用公司	举例
定义法	给出相应的定义，由业务部门或人力资源部根据实际业务需要自行定义具体适用人员	部门拥有一定的灵活性，但有可能造成部门之间的涵盖范围存在差异	适用于业务跨度大、各部门之间业务差异明显的公司	与外部客户直接关联，并对公司收入产生影响的人员，均可执行销售人员奖金激励政策；其他人员执行非销售人员奖金激励政策
穷尽法	列明所有属于某一范围的适用职位或人群	公司所有部门统一划定范围，但未考虑业务灵活性	适用于业务类型单一的公司	公司的奖金激励政策分为销售人员和非销售人员奖金激励政策两种： （1）以下人员执行销售人员奖金激励政策：销售部业务经理、客户主管、市场推广人员 （2）以下人员执行非销售人员奖金激励政策：综合管理部、采购部、财务部

（续表）

方法	具体描述	特点	适用公司	举例
混合法	综合前面两种方法，既有定义约束，又有非典型职位的说明	在给予部门灵活性的前提下，考虑特殊职位的统一划分	适用于统一管理，但公司内部各部门业务差异较大的公司	以下部门人员执行公司销售人员奖金激励政策：市场部、销售部。同时，直接和客户关联并对公司收入产生影响的人员执行公司销售人员奖金激励政策，如技术部售前支持（工程支持人员除外）

在实际工作中，薪酬管理人员在制定奖金政策的时候，往往会根据设计目的采用"顺势思维"和"静态思维"来划分适用人群。这样做的缺点是忽略了在政策执行的过程中，会遇到员工在不同部门、不同下属公司之间调动岗位时难以处理奖金适用范围的问题。

接下来，我们用一个案例来说明不同部门员工的岗位调动给奖金管理带来的压力。

【案例分析】　不同部门员工的岗位调动给奖金管理带来的压力

某公司正在制定和推广全员浮动奖金激励政策。在制定政策的过程中，管理层希望能够针对不同员工给予不同的激励力度。为此，人力资源部的奖金激励政策制定人员就根据公司内部不同职能或不同部门员工的工作特性，结合外部其他公司的管理实践，把奖金体系划分为以下三个类别。

（1）销售人员奖金的浮动比例比其他部门员工的高一些。这样做可以更好地调动销售人员的工作积极性，让其业绩结果与收入有更紧密的关联。

（2）支持性职能部门（如行政部、人力资源部、财务部、研发部等）员工的奖金比例会低一些。

（3）一线销售业务支持部门（如市场部、工程部）员工的奖金比例介于以上两者之间。

这家公司的浮动奖金占基本月薪的比例分配如表3-4所示。

表3-4　某公司奖金比例表

	一线销售人员	业务支持人员	后勤支持人员
适用部门	销售部	市场部、工程部	研发部、后勤部门
管理层	30%	25%	20%
经理层	25%	20%	15%
员工层	20%	15%	10%

从政策层面看，表3-4中的分配比例较合理，它针对不同类别员工的工作特性，设计了不同激励力度的奖金比例。但是，在实际操作中，薪酬管理人员经常要面临这样一个情况：在人员跨部门调动的时候，如何处理不同奖金比例的问题。

由于销售部和市场部的工作联系非常紧密，两个部门的员工会经常相互调动。工程部和研发部的员工也会根据各自的职业发展需要而调换工作岗位。接下来，我们以一名基本月薪为 10,000元的销售部员工为例，简要说明员工跨部门调动带来的影响。

按照公司的奖金政策，该员工的工资结构如下。

基本月薪：10,000 元

月度奖金：$10,000 \times 20\% = 2,000$（元）

如果该员工从销售部平级调动到市场部，就意味着他的奖金比例要从 20% 调整为 15%。人力资源部为了保证员工的目标总收入不降低，就把该员工在市场部的工资结构调整如下。

基本月薪：10,435 元

月度奖金：$10,435 \times 15\% = 1,565$（元）

换言之，该员工在销售部的基本月薪和月度奖金总计为12,000 元（10,000 + 2,000 =12,000），调整到市场部后的基本月薪和月度奖金总计也为 12,000 元（10,435 + 1,565 = 12,000）。

如此一来，员工的基本月薪增加了，但是员工的目标总收入并没有改变；同时，员工的奖金结构很顺畅地调整到了新部门的比例。不过，该员工在市场部工作一段时间后，又回到了销售部。这时薪酬管理人员该如何处理该员工的工资结构呢？

有以下两种做法。

（1）重新调整（或恢复）为"10,000 + 2,000"的 20% 结构。这样做的优点是简洁明了。但是，毕竟下调了基本月薪，员工心里可能会产生负面情绪，同时也会带来违反劳动法的风险（在此暂时不讨论用工风险的问题）。

（2）为了保证既不降低员工基本月薪，又能符合相应的奖金比例关系，薪酬管理人员可以将其工资调整为"10,435 + 2,087"的 20% 结构。

但是，这两种做法都存在不理想之处。

（1）第一种做法看似是在员工调回到销售部的时候，恢复了其原本在销售部的工资结构，但是，如果员工在调回销售部之前参与了年度调薪，其基本月薪有所调整，就没有办法"恢复"工资了。这就否定了第一种做法。

（2）第二种做法虽然是可行的，但是员工从销售部调动到市场部的时候基本月薪提高了，而从市场部回到销售部的时候，虽然基本月薪没变，但目标奖金提高了。通过这两次的职位调动，实际上给该员工变相涨工资了。

为了彻底解决这个问题，人力资源部考虑到公司内部业务和人员发展的需要，把公司整体奖金政策调整为：

（1）市场部人员的奖金比例和销售部的一样；

（2）工程部人员的奖金比例和研发部的一样。

奖金比例的适用人群调整为表 3-5 所示内容之后，从根本上解决了员工跨部门调动给奖金管理带来的"麻烦"。该案例描述的是人员在不同部门之间调动带来的影响。同样的道理，对于某些业务多元化的集团公司来说，可以把业务类型比较接近的下属公司奖金结构调整为一样的情况，从而减少类似的"麻烦"。

表 3-5　某公司新奖金比例表

	一线销售人员	业务支持人员	后勤支持人员
适用部门	销售部、市场部	工程部、研发部	后勤部门
管理层	30%	25%	20%
经理层	25%	20%	15%
员工层	20%	15%	10%

当然，任何一种管理方法都不是万能的。即便是在表 3-5 所示的情况下，也会发生员工从后勤部门调动到销售部的情况。这时可以从政策或实际操作层面约定某种原则作为奖金调整的依据。例如，某公司约定员工在公司内部不同业务部门之间平级调动的过程中，员工的年度目标总收入保持不变。在这样的框架下，薪酬管理人员可以根据员工新部门的奖金比例，上浮或下调员工的基本工资。

【案例启发】　用"动静结合"的思维设定适用人群

这个案例带给我们非常重要的启发就是：在设定适用人群的时候，薪酬管理人员不仅要用"静态思维"考虑不同业务类型人员的奖金激励特点，还要从"动态思

维"的角度出发，考虑员工在不同部门之间相互调动给
奖金比例带来的影响。当然，比较极端的情况可能会发
生组织重组、合并，如原来不同奖金比例的部门合并为
一个部门。当这种情况发生的时候，可以暂时保持原奖
金比例，或者找到一个折中的比例来调整，或者统一调
整为当前的某一个比例。

在很多快速成长的互联网公司、大型集团公司里，
可能会存在"不搭界"的业务、产品。即便是同一类人
员，如都是销售人员，A事业部的销售人员可能完全不
懂B事业部的产品情况。这时，不同部门销售人员的奖
金模式也可能会完全不同。其主要原因是奖金比例需要
与对应的销售产品的特性匹配、与该产品所在行业惯用
的奖金比例相类似。

3.1.3 薪酬结构

这里论述的薪酬结构（Pay Mix），主要是指我们常说的"固
浮比"——固定工资和浮动奖金的比例关系。在企业管理实践中，
薪酬管理人员一般会根据浮动奖金的比例，把薪酬结构划分为三
种模式（如表3-6所示）。

表 3-6　三种不同的薪酬结构模式

	高弹性薪酬结构	调和性薪酬结构	高稳定性薪酬结构
特点	浮动奖金是薪酬结构的主要组成部分,固定工资处于次要的地位,所占的比例非常低	浮动奖金和固定工资的比例适中,员工收入相对稳定	固定工资是薪酬结构的主要组成部分,浮动奖金处于次要的地位,所占的比例非常低
习惯比例	固定工资:0～30% 浮动奖金:70 %～100%	固定工资:50%～70% 浮动奖金:30 %～50%	固定工资:70%～100% 浮动奖金:0～30%
关联业绩	强	中	弱
优点	对员工的激励性很强,员工的收入完全或者主要依赖于其工作绩效的好坏	既有激励性,又能使员工产生安全感	员工收入与其工作绩效关联不强,收入波动很小,员工安全感很强
缺点	员工收入波动很大,员工缺乏安全感	不论是激励作用还是保留作用都一般	缺乏激励作用,容易导致员工产生惰性

当然,这三种模式的划分并不像数学模型那么严格。例如,某公司的薪酬结构一直是固定工资占 80%、浮动奖金占 20% 的模式,这是比较典型的高稳定性薪酬结构,如果公司把薪酬结构调整为固定工资占 70%、浮动奖金占 30%,是不是就变成了调和性的薪酬结构呢?在管理实践中,还是要回到管理的本源,一味讨论理论划分意义不大。

在企业管理实践中,对浮动奖金比例一般有以下两种习惯性的表达方式。

> ✔ **基本月薪的百分比。例如，浮动奖金是基本月薪的**
> 10%
> ✔ **× 个月的基本月薪。例如，年度浮动奖金是 3 个月**
> **的基本月薪**

假设某家公司的薪酬结构中，每年有 12 个月的基本月薪，还有一定比例的奖金，那么浮动奖金和基本月薪之间的比例关系折算如表 3-7 所示。

表 3-7　固浮比不同表达方式的换算

基本工资：浮动奖金	浮动奖金占基本工资的百分比	浮动奖金相当于几个月的月薪（假定全年 12 月薪）
10：90	900%	108
20：80	400%	48
30：70	233%	28
40：60	150%	18
50：50	100%	12
60：40	67%	8
70：30	43%	5.1
80：20	25%	3
90：10	11%	1.3

从表 3-7 中不难看出，在高弹性薪酬结构下，如果企业采用
"基本工资：浮动奖金 = 10：90"的模式，就意味着员工全年拿
到的奖金将会是 108 个月的基本月薪。这个数字实在是惊人！即
便是采用"基本工资：浮动奖金 = 40：60"的模式，员工每年可
能拿到的奖金也相当于 18 个月（1.5 年）的总基本工资收入。因
此，高弹性薪酬结构对员工的激励效果是很明显的。

　　大体来说，在固浮比的设计中，员工浮动奖金所占比例越
高，其激励作用就会越大，具体如表 3-8 所示。

表 3-8　不同浮动奖金比例的激励作用不同

浮动奖金在总工资中的比例	激励作用
0 ~ 10%	影响很小，激励作用很弱
10% ~ 25%	体现业绩导向，具备激励作用
25% ~ 50%	影响较大，激励作用强
50% 以上	高业绩导向，具有很强的激励作用

　　既然浮动奖金比例不同，对员工产生的激励作用就不同，那
么接下来的一个问题就是：怎样设置奖金的比例比较合适呢？

　　一般来说，浮动奖金的比例设定因公司所在行业的不同而不
同。同时，即便是同一家公司内部的不同职能部门、不同职位层
级之间，浮动奖金的比例设定也会有所不同。因此，本书给出的
原则是贴近市场、贴近哲学、贴近业务。

（1）贴近市场

公司的浮动奖金比例最好与其所处外部人才市场的管理实践保持一致。有些公司为实现吸引、保留员工的目的，会采用"领先策略"或"滞后策略"等薪酬管理策略。那么，薪酬管理人员在设计奖金比例的时候，是不是也可以主动提高或降低浮动奖金的比例来调整公司对人才吸引、保留的策略呢？

让我们通过一个简单的比较来分析一下这样做是否有意义，具体如表 3-9 所示。

表 3-9　奖金比例选择的优缺点

	奖金比例高于市场	奖金比例低于市场
特点	员工收入中的浮动部分比例高	员工收入中的浮动部分比例低
优点	与业绩关联强，激励性强	与业绩关联弱，激励性弱
缺点	员工收入波动大，不易保留员工	员工收入稳定，容易产生惰性

当然，表 3-9 中总结的优缺点只是为了说明奖金比例这一个要素。在实际管理工作中，薪酬管理人员还需要综合考虑员工总收入的高低、奖金发放的频率等。

综合来看，比较稳妥的做法是公司可以遵循所在行业的人才市场趋势确定奖金比例。这样做的好处是，公司可以在浮动奖金的激励性方面和其他公司保持一致。

这里提到的外部人才市场，不一定是公司直接的竞争对手，也包括公司在人才吸引、保留方面相对应的外部公司。也就是说，薪酬管理人员在分析外部人才市场时，应思考本公司的员工是从哪里招聘来的？他们如果离开本公司将要到哪里去？只要回答出这几个问题，薪酬管理人员就可以明确本公司对应的外部人才市场。

【案例分析】 入职新公司后薪酬结构的变化带来的困惑

网络工程师小张目前的薪酬状况为：基本月薪 10,000 元，每个月会有基本月薪的 10% 作为目标奖金。这样，小张的年度总收入就是 132,000 元（ 10,000 × 12+10,000 × 10% × 12=132,000 ）。

后来，小张加入一家新公司，仍然担任网络工程师的职位。

小张在新公司的工资水平为：基本月薪 9,000 元，年底会有 5 个月的基本月薪作为目标奖金。这样，小张在新公司的年度总收入就是 153,000 元（ 9,000 × 12+9,000 × 5=153,000 ）。

小张的年度总收入从 132,000 元调整为 153,000 元，增长了 15.9%。应该说，这个涨幅还是有一些吸引力的。但是，小张面临的选择是能否接受基本月薪从 10,000 元下降到 9,000 元？

> ## 【案例启发】 用贴近市场的固浮比减少困惑
>
> 很显然，在这个案例中，由于两家公司的浮动奖金弹性不同，在进行外部招聘的时候就会给不同背景的员工带来"困惑"。因此，比较惯用的做法是：公司采用贴近市场平均水平的固定浮动比例，在吸引外部候选人加入公司的时候减少这种"障碍"。

（2）贴近哲学

浮动奖金的比例设定需要贴近本公司的奖金哲学。如果公司的奖金哲学是重视员工业绩，即高绩效者得高奖金，那么与其对应的奖金比例就应该适当高于其他公司。当然，如果综合考虑员工的基本工资也要具备基本竞争力，就可以让本公司员工的基本工资的定位也略高于其他公司。

回到刚才网络工程师小张的案例，如果说新公司可以稍微提高基本工资的定位，那么为小张提供的工资水平为：基本月薪10,000元，年度总收入就是170,000元（10,000×12+10,000×5=170,000）。

小张的年度总收入从132,000元调整为170,000元，增长了28.8%。

（3）贴近业务

在一家公司内部，不同职能部门的浮动奖金的比例也会略有不同，并且在不同职位层级的奖金比例也会有所不同。

通常来说，公司内部的职位大致可分为前台、中台、后台。根据业务性质的不同，其各自浮动奖金的比例略有不同，具体如表 3-10 所示。

表 3-10　不同职位类别的浮动奖金比例设定

职位类别	前台职位	中台职位	后台职位
工作性质	一线业务人员，直接为公司带来业务收入	不直接为公司带来业务收入，但对业务发展提供支持	提供支持性工作，维持公司正常运转
浮动奖金比例	高	中	低
示例	销售、市场	研发、工程	行政、财务

对于不同职位层级、不同浮动奖金比例设定的问题，各家公司的做法不尽相同。一般来说，随着职位层级的提高、管理职责的加重，该职位对公司或部门的影响就会提高。其浮动奖金的比例也应随之发生变化。

但在某些公司里，随着员工职位层级的提高，浮动奖金的比例呈现逐级下降的情况。其原因主要有以下两个方面。

第一，公司对高级管理人员的激励措施，不仅是浮动奖金，还有其他手段（如长期激励措施等）。因此，高级管理人员的浮动奖金比例低，可以起到稳定高级管理人员的目的。

第二，针对销售类人员的管理，通常级别高的销售人员浮动奖金的比例略高，以此激励高级别销售人员取得更好的业绩结果。但是，如果高级别的销售人员主要执行的是管理职能而非销售职能，那么他们的浮动奖金比例就要低于基层销售人员。

3.1.4　市场定位

薪酬的市场定位（Position）可以分为薪酬哲学的定位和实际管理中的定位。前者指明工作的总体方向，后者反映工作的实践结果。

既然谈到了市场定位，就要先明确什么是"市场"。正如前文所述，这里的市场并非企业的产品市场，而是外部人才市场。那么，本公司的薪酬市场定位就是参考这些外部人才市场的情况来制定的。

在考虑奖金体系管理的时候，薪酬管理人员需要审视公司当前薪酬水平的市场定位情况。只有明确了员工收入的市场定位情况，才能决策奖金管理中的要素内容、比例等一系列问题。换句话说，只有先明确了本公司员工的收入在外部市场上到底处于什么水平，薪酬管理人员才能知道在设计、调整浮动奖金的时候，是否还有"余地"来提高员工的总收入。

在实际操作中，建议大家采用员工年度总收入这个指标来进行分析。员工的总收入基本上可以用图 3-2 所示的公式展示出来。

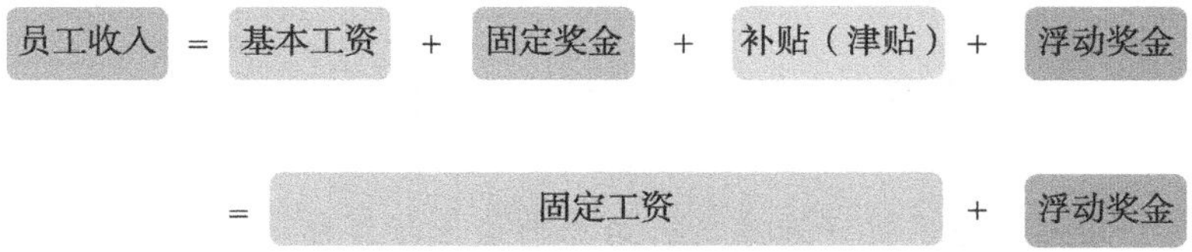

员工收入 ＝ 基本工资 ＋ 固定奖金 ＋ 补贴（津贴）＋ 浮动奖金

＝ 固定工资 ＋ 浮动奖金

图 3-2 员工收入结构图

由于各家公司的管理背景、发展历程不同，所以其内部的薪酬管理结构也不尽相同。那么，在将本公司与外部市场数据进行对比的时候，比较稳妥的做法就是采用员工年度总收入这个指标，从而更加全面地反映员工的收入状况。

如果站在更加严格的层面审视"固浮比"这个话题，就会发现其在各家公司里的实际操作也不尽相同。有的公司采用"基本工资＋浮动奖金"的模式，有的公司采用"所有固定收入＋浮动奖金"的模式。之所以有这样的区别，其中一个原因是从业者的习惯叫法，另一个原因就是在固定收入里面，除了基本工资之外的其他收入相对比较低，所以就被大家习惯性地"忽略"了。当然，管理的实践操作毕竟不是严谨的数学计算，之所以在此提及这个细节，只是提醒大家，我们用本公司员工的年度总收入与外部市场其他公司进行对比的方法属于比较全面的分析。这样做基本上可以排除由于各家公司内部薪酬结构不同而造成的分析结果不准确。

接下来，我们用一个案例来展示薪酬市场定位的意义所在。

【案例分析】 薪酬市场定位的意义

某公司为了更好地分析公司当前员工年度总收入和外部市场的关系，薪酬经理把全体员工的实际总收入和外部市场的总收入进行了汇总分析（如图 3-3 所示）。

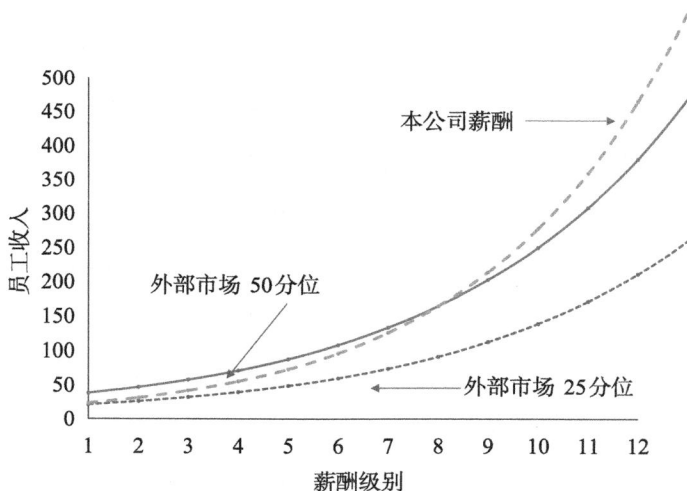

图 3-3 公司薪酬外部比较

从图 3-3 中，本公司员工的总收入与外部市场的 25 分位和 50 分位相比，出现了"低低高高"的趋势：

（1）低级别员工的收入比较接近外部市场 25 分位的水平；

（2）随着公司薪酬级别的不断上升，员工的薪酬竞争力也在上升；

（3）高级别员工的收入已经高于外部市场 50 分位的水平；

（4）基本上从级别 8 开始，员工薪酬已经高于外部市场 50 分位。

薪酬经理把本公司员工当前的实际薪酬情况和外部市场的薪酬水平做了比较，发现了相应的趋势。这时薪酬经理就需要回归到薪酬哲学来重新思考一下：这样的趋势结果是不是和本公司原本设定的薪酬哲学一致呢？

（1）如果本公司的薪酬哲学是"薪酬水平向高级别人员倾斜，高级别人员的薪酬竞争力逐步提高"，那么目前呈现的员工工资的实际情况就是和预先设定的薪酬哲学保持一致的。

（2）如果本公司的薪酬哲学是"薪酬水平介于外部市场 25 分位和 50 分位之间，某些特殊职位的薪酬水平可以适当提高，但是不高于外部市场 50 分位"，那么，针对目前呈现的员工薪酬分析结果，薪酬经理就需要考虑为什么高级别人员的工资水平那么高。

【案例启发】 用薪酬哲学明确市场定位和
薪酬竞争力

薪酬哲学在实际工作中的意义和价值在于：它是薪酬管理者甚至是公司高层管理者思考整体薪酬战略的方向。要先有明确的薪酬哲学，然后才能针对各种分析结果进行处置。就像本案例中的情况：同样的分析结果在不同薪酬哲学的指导下，内部管理工作需要调整的方向就会不同。

有了薪酬哲学来明确市场定位之后，薪酬经理还需要利用数学公式"精准"测量定位的水平。在此，引入一个薪酬比较的公式：

员工薪酬竞争力＝员工薪酬／外部市场数据

同人力资源管理其他模块相比，薪酬管理必须要用一定的"数字化"和"可量化"指标来指导工作。我们还是用图 3-3 所示的案例来说明如何计算员工的薪酬竞争力，具体如表 3-11 所示。

表 3-11　薪酬外部竞争力分析

薪酬级别	外部市场25 分位（千元）	外部市场50 分位（千元）	本公司薪酬（千元）	本公司 vs 市场 25 分位	本公司 vs 市场 50 分位
1	21	38	23	110%	61%
2	26	47	31	120%	66%
3	32	58	42	131%	72%
4	39	71	55	141%	78%
5	49	88	73	150%	83%
6	60	108	96	160%	89%
7	74	133	126	170%	95%
8	91	164	164	180%	100%
9	113	203	214	190%	105%
10	139	250	278	200%	111%
11	171	308	359	210%	117%
12	211	380	464	220%	122%

相比图 3-3 呈现的分析情况，表 3-11 更加清楚地展示出"低低高高"的趋势：

（1）低级别员工的收入略高于外部市场 25 分位的水平（级别 1 员工的薪酬水平相比市场 25 分位，薪酬竞争力为 110%）；

（2）随着公司薪酬级别地不断上升，员工的薪酬竞争力在上升；

（3）从级别 8 开始，员工薪酬已经高于外部市场 50
分位（级别 8 员工的薪酬水平相比市场 50 分位，竞争
力为 100%）；

（4）高级别员工的收入已经高于外部市场 50 分位
的水平（相比市场 50 分位，最高级别员工薪酬竞争力
为 122%）。

3.2 PMT 模型中 M 的四要素

P	奖金哲学 Philosophy	适用人群 Participant	薪酬结构 Pay Mix	市场定位 Position
M	衡量指标 Measurement	激励上限 Maximum	激励机制 Mechanism	计算方式 Math
T	奖金类型 Type	激励目标 Target	支付周期 Time	事务管理 Trivial

3.2.1 衡量指标

谈到浮动奖金的管理，就要论及激励衡量指标（Measurement）

的设定问题。这也是奖金管理和绩效管理、目标设定管理相关联的接口因素。关于衡量指标的设定话题，近几年管理者往往会有一种"指标必量化"的趋势。还有些管理者直接套用"平衡计分卡"的四个维度，在设定衡量指标的时候必须包含这四个方面的内容。这种做法显然是有些"机械论"的嫌疑。

本书建议薪酬管理人员在设定衡量指标的时候，针对不同的职位特点，可以采用量化（定量）结合非量化（定性）指标的形式。对于非量化的定性指标，各家公司不同职位之间的设定千差万别，在此不再一一赘述。对于可以量化的定量指标，特别是涉及销售人员奖金激励的衡量指标，大体上可以总结为表 3-12 所示的三大类。

表 3-12　销售人员奖金激励的衡量指标

指标类型	直接结果性指标	间接转化性指标	间接过程性指标
特点	能够直接反映业务结果的指标	需要直接结果性指标转化的指标	间接关联业务结果的过程性工作
指标示例	销售收入、销售成本、销售数量、订单数量、签约金额	销售利润、利润增长率、息税前利润	客户满意度、新客户数量、电话拨打次数、客户拜访次数

管理者在设定衡量指标的时候应该遵守"指标精简"的原则。结合浮动奖金管理的针对性，在设定衡量指标的时候，薪酬管理人员一定要将衡量指标和奖金支付情况进行有机的结合，否则就容易产生脱节的情况。上级经理给下级员工设定衡量指标时

一定要精简。如果按照权重来划分，单个指标的权重不能太少，否则不能引起员工的重视。因此，一个指标的权重一般不能少于10%~15%。基于这个逻辑，衡量指标的数量在6~8个即可。

假设有一名普通员工，他的上级经理给他设定了本年度业绩衡量指标，那么，该员工喜欢上级经理给他设定更多的衡量指标还是更少的衡量指标呢？

答案肯定是该员工喜欢有更多的衡量指标。

试想一下，如果员工有100个指标，每一个指标的权重都是1%，那么他一定会先权衡哪些指标更容易达成，然后，该员工就会先确保完成那些相对容易达成的指标。对于其他指标，员工可能会选择"有精力就做一下试试"，或者索性放弃那些特别难的指标。毕竟，即便该员工不能完成某些指标，也不会对他最终的业绩产生很大的影响。

因此，管理者在为员工设定衡量指标的时候一定要力求精简和有针对性，即上级需要下级完成的工作，必然是和奖金直接关联的。例如，在考核一名销售人员的工作业绩时，如果仅看其最终销售收入这一个指标，销售人员就一定会努力提高业绩。

以上说到的衡量指标，都是关系到员工个体浮动奖金的指标。在公司层面的管理上，管理者还可以根据公司整体业绩的完成情况，在某些特殊的年份、特殊的时期，设定一些特殊的衡量指标，作为公司是否启动全员浮动奖金体系的"启动门槛"，有些公司称其为"触发器"（trigger）。

【案例分析】　集团公司面对金融危机及时按下浮动奖金 "触发器"

受到全球金融危机的影响，很多公司的业务发展严重受挫。面对这场突如其来的金融危机，某集团公司为了鼓励员工努力工作，取得更好的业绩，在 2009 年年中，公司临时向全体员工发出集团奖金体系是否正常启动的"触发"指标。

"为应对全球金融危机，如果集团息税前利润（EBITA）的水平，同比 2008 年业绩情况下降 $x\%$，集团层面奖金将被取消。"

【案例启发】　从组织层面设定浮动奖金管理的衡量指标

在浮动奖金管理的衡量指标中，不仅要考虑涉及员工个体的指标，还需要从组织层面考虑整体的衡量指标。这样做可以激发员工对公司总体业绩的认同感。当然，这里面也有公司出于总体奖金成本控制的考虑。

3.2.2　激励上限

在设计浮动奖金的时候，薪酬管理人员往往需要考虑控制一定的奖金支付成本而设定一个相对于目标奖金而言的激励上限（Maximum）。这个激励上限就是员工能够获得的最高奖金是目标奖金的几倍。当然，如果公司的总体奖金体系直接关联公司总体盈利状况，这样的公司就不需设定实际奖金发放的比例上限。

对于一家公司而言，某个职位的浮动奖金激励上限越高，高绩效员工实际获得的奖金就会越多，这可能会直接刺激员工努力创造更高的业绩。在此需要提醒的一点是，本书提出的是高激励上限"可能"会更加激励员工。之所以是"可能"，因为浮动奖金的管理体系实际上是和绩效管理、目标管理紧密连接的。上级经理给下属设定的目标是否合理？是否属于"跳起来能够摸到的目标"？这些因素都会影响激励上限所能发挥的作用。毕竟，如果员工发现自己根本无法完成上级经理设定的工作目标，那么，再高的激励上限也是没有任何作用的。

【案例分析 1】　为提升销售业绩，公司对销售经理岗位进行薪酬改革

某家公司为了激励销售人员在销售业绩上有所突破，计划对销售经理这个职位进行薪酬改革。公司决定，利用年度调薪的机

会，将销售经理的固定工资稍微提高一点，同时提高销售经理的
浮动奖金比例，还把销售经理的激励奖金上限从原来的一倍提高
为两倍。

　　在图 3-4 中可以看到，管理层出于成本和激励两方面的考虑，
利用年度薪酬调整的预算，既提高了销售经理的固定月薪，又提
高了固浮比，增加了浮动奖金的比例，同时还改变了激励上限。

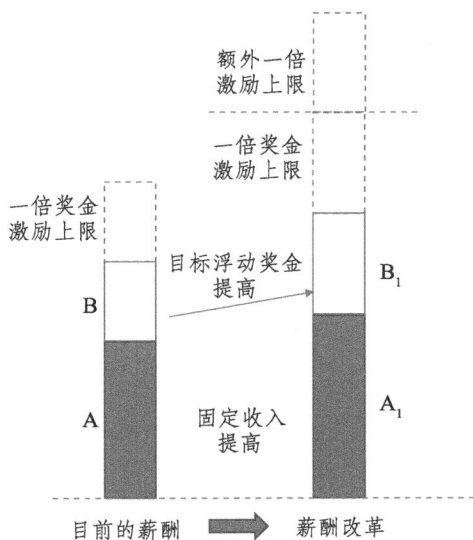

图 3-4　激励上限带来的收入影响

　　从整体的调整力度上看，新的薪酬体系还是很有诱惑力的。
如果销售经理的业绩水平在新旧两年基本一致，那么在新的一年
中，其实际收入水平会提高很多。这家公司之所以这样做，主要
原因在于：在新的一年中，销售目标会比过去大幅提高。正是因

为担心销售人员"惧怕"无法完成指标，管理层才会采取如此大的调整幅度。

销售经理该怎样看待这样的调整呢？面对如此吸引人的薪酬结构，销售经理要的就是"公平"二字。

例如，某一位销售经理就会想：我去年的销售目标是 80 万元，实际完成业绩是 120 万元。因为超额完成目标，可以有额外的奖金。最终我拿到的收入是：

A（固定收入）+B（目标奖金）+B（一倍的激励奖金）=A+B+B（总收入）

新的一年，我的销售目标是 200 万元。如果我实际完成 160 万元，就意味着没有完成目标业绩。那么，我拿到的实际收入可能会是：

A_1（固定收入）+B_1（目标奖金）的一部分 = A_1+（$B_1 \times x\%$）[总收入]

经过比较，结论非常明显：在新的一年里，即便比去年付出更多的努力，即便有更加"诱人"的奖金体系，这种薪酬结构也不能很好地激励员工。

【案例启发 1 】　调整浮动奖金激励上限确实可以激励员工

该案例的重要启发是，调整浮动奖金激励上限确实可以起到激励员工的作用，但也不能仅仅局限于员工能够获得几倍奖金，还应该结合固浮比的调整来统筹规划。

激励上限的调整需要和目标管理结合起来，考虑目标实现的可行性。有些公司在提高激励上限的同时，大幅提高了目标业绩，导致员工发现该目标属于"跳起来也摸不到"的，那么无论多高的激励上限也不能起到相应的作用。

【案例分析 2 】　调整浮动奖金的激励上限时别忘了调整固浮比

A、B、C 三家公司都有销售经理这个职位，但是在不同的公司中，该职位的固浮比完全不同，具体如图 3-5 所示。

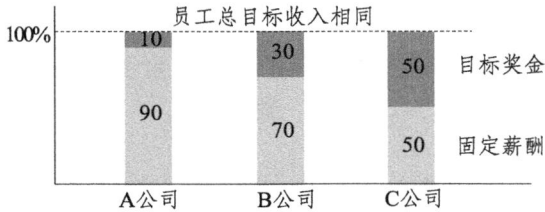

图 3-5　三家公司薪酬结构比较

我们把三家公司的情况汇总成表 3-13 所示的表格。

表 3-13　A、B、C 三家公司的薪酬情况汇总

公司	A 公司	B 公司	C 公司
固浮比	90∶10	70∶30	50∶50
假设三家公司给销售经理这个职位的目标年度总收入都是 100 万元			
销售经理工资	每年固定工资 90 万元 目标奖金 10 万元	每年固定工资 70 万元 目标奖金 30 万元	每年固定工资 50 万元 目标奖金 50 万元
特点	高稳定型结构，员工收入波动小	适中比例，员工收入与业绩关联	高弹性型结构，员工收入波动大

表 3-13 显示三家公司销售经理的年度目标总收入都是 100 万元，但这样的分析是基于相对静态情况做出的。当我们加入员工浮动奖金激励上限这个要素后，就会发现即便是同样的激励上限，因为不同的固浮比，产生的效果也会明显不同。

假设三家公司对销售经理这个职位采用的浮动奖金激励的最高上限都是目标奖金的两倍，也就是说，工作业绩好的员工，除了可以拿到目标奖金之外，还可以额外收获两倍的激励奖金，具

体如图 3-6 所示。

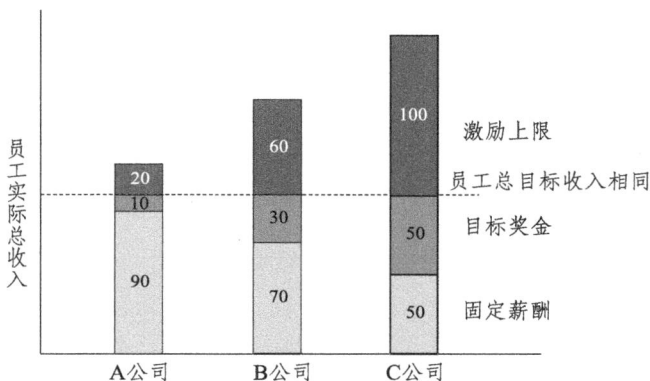

图 3-6　三家公司实际收入比较

　　增加激励上限的因素后，我们发现：即便是同样的目标总收入、同样的激励上限倍数，但是由于固浮比不同，造成员工的实际总收入差异很大。同样都是高绩效员工，在 A 公司可以拿到的总收入为 120 万元，在 C 公司就可以达到 200 万元。

【案例启发 2】　激励上限应与固浮比共同发挥作用

　　激励上限需要和固浮比结合起来共同发挥作用。对员工而言，他们考虑的薪酬收入往往是实际总收入。（实际上，很多员工并不关心公司的薪酬政策，他们只关心自己在这家公司能够拿到多少钱。

员工在求职的过程中，如果遇到 A、B、C 三家公司，高绩效员工往往喜欢 C 公司的做法，因为 C 公司的做法更容易吸引和激励高绩效员工。C 公司的做法是典型的低基本月薪、高浮动奖金的模式。

3.2.3 激励机制

当薪酬经理把以上若干要素组合在一起，特别是把奖金的支付比例和业绩完成情况结合在一起的时候，就能看到浮动奖金激励机制是如何设计的。

激励机制（Mechanism）的设计需要考虑如下几个要素。

（1）门槛：是否需要设定启动浮动奖金激励的最小（最低）业绩指标，以及与其对应的奖金启付比例？

（2）激励上限：对于最突出的业绩水平，如何设定最高奖金与目标奖金的倍数关系？

（3）加速、减速还是匀速：在整体的激励措施里，对应不同业绩的完成情况，薪酬经理对奖金支付比例的调整是加速、减速还是匀速？

接下来，我们用一个图表来解释以上几个要素，如图 3-7 所示。

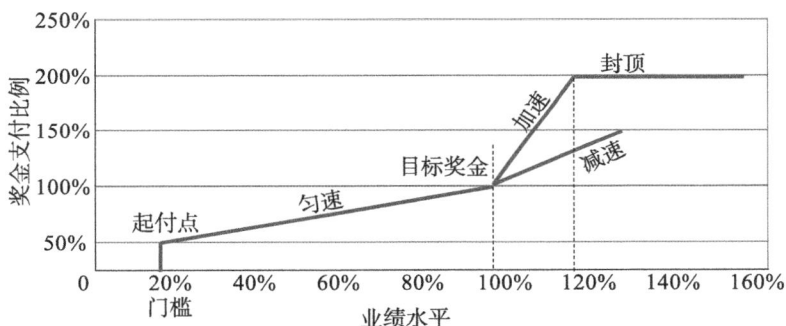

图 3-7　浮动奖金的激励机制（举例）

在图 3-7 中，横轴是业绩水平的完成情况，纵轴是员工实际收入奖金和目标奖金的比例。简言之，员工完成什么样的业绩结果，就可以获得多少比例的奖金。此处所指的业绩水平既可以是员工个体层面的，也可以是公司 / 部门组织层面的。

设计激励机制时具体的考虑要素如下。

（1）门槛——起付点。员工或公司的业绩必须达到目标业绩的一定水平以上，员工才会获得相应比例的奖金。如图 3-7 所示，不论是员工还是公司，只有完成目标业绩的 20%，才能获得目标奖金的 50%。

（2）激励上限——封顶。当实际业绩水平达到目标业绩的一定水平以上时，相应奖金比例不再提高，达到激励上限的封顶水平。如图 3-7 所示，实际业绩达到目标业绩的 120% 之后，实际奖金就达到了目标奖金的 200% 且不再增加。换言之，激励上限就是目标奖金的一倍。

（3）加速、减速还是匀速：随着实际业绩的提高，实际奖金的支付比例同比提高，这种情况称之为匀速。如图 3-7 所示，当实际业绩介于目标业绩的 20%~100% 的时候，随着业绩的提高，奖金比例同比提高。随着实际业绩的提高，实际奖金的支付比例逐步上升，称之为加速；反之，称之为减速。如图 3-7 所示，实际业绩水平高于目标业绩 100% 之后，有两条奖金支付的比例线，分别标记了加速和减速。

在实际工作中，薪酬经理该如何考虑和组合这几个要素并形成一系列的激励机制呢？

实际工作中需要区分销售人员奖金激励和非销售人员奖金激励两大类别。

对于非销售人员的奖金激励，一般不划分门槛，而且大多采用匀速的奖金比例机制。其主要原因是：非销售人员的业绩完成情况往往都是依靠上级经理的绩效评估结果来判定，并没有严格的客观指标。因此，没有必要设定业绩完成一定比例的门槛值。奖金的支付比例如果设定为加速或减速的机制，就有可能影响上级经理的评估结果。他们在给下属评定业绩的时候，可能会因为考虑下属的收入是否受到加速、减速的影响，而改变评估结果。为此，很多公司在对非销售人员进行奖金激励设计时，都采用类似图 3-8 所示的机制。

图 3-8　非销售人员奖金激励机制

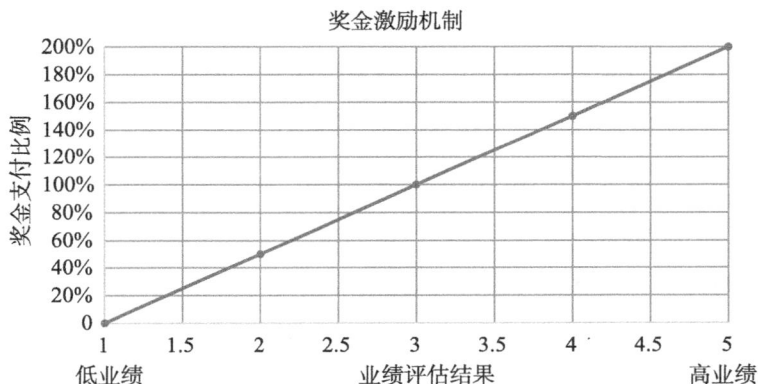

图 3-8 仅仅是一个示例。该图的横轴是员工的业绩评估结果，纵轴是员工可以获得的奖金比例。从该图中可以看出：

（1）员工的业绩结果从低到高划分为 1 ~ 5 分（很多互联网公司喜欢采用 S/A/B/C 的划分方式）；

（2）业绩结果最低的员工，奖金支付为 0（业绩为 1 分）；

（3）业绩结果正常的员工，奖金支付为 100%（业绩为 3 分）；

（4）业绩结果最高的员工，奖金支付为 200%（业绩为 5 分）；

（5）员工的奖金支付机制和业绩结果之间是匀速的比例关系；

（6）没有门槛值，这个分数是上级经理的评价；

（7）封顶值（业绩结果最高的员工）就是目标奖金的 200%。

对于销售人员的奖金激励，薪酬经理在设计上要综合考虑诸多要素。

（1）门槛——起付点。在组织层面上，运营一家公司或一个部门，不管是否有销售收入进账，都会产生运营成本。为此，薪酬经理就需要设定最低业绩完成比例，以保障公司的运营成本。如果实际业绩低于这个比例，说明公司的业绩情况不足以支付员工的奖金。在设定门槛值的时候，需要人力资源部和公司财务部一起合作，从公司或部门业务收入等情况入手，结合相应的运营成本，决定具体的最低业绩比例和奖金支付比例。

（2）封顶。明确奖金支付比例是否封顶，以及封顶的最高值是多少。一般需要考虑以下几个因素。

① 业务的形态需要。有些公司的业务结果和员工个体或团队的工作付出基本上是同比相关的。例如，在很多快消品公司，业务量的提高在很大程度上与员工付出的努力成正相关。因此，这类公司为了激励员工获得更大的业绩，奖金支付比例就可能没有封顶。而另外一些公司，特别是一些销售大型成套设备的公司，员工或团队付出的努力程度与最终业绩不一定是同比相关。这时，公司往往会通过设定封顶的奖金比例来控制成本。

② 行业趋势。公司所在行业一般都有针对各自销售人员奖金管理封顶的习惯做法。公司采用行业趋势的做法，有利于保证员工薪酬结构和外部市场保持一致。

③ 公司面对的是成熟市场还是待开拓市场。当面对成熟市场的时候，公司对整体销售业绩的把控会比较准确，因此管理者更加喜欢采用封顶的做法（主要是因为公司能够清晰地预测员工或公司的总体业绩）；当面对待开拓市场的时候，为了鼓励员工提高整体业绩，管理者喜欢采用不封顶的做法，以此来激励员工努力工作，争取获得高业绩。

（3）加速、减速还是匀速。设定奖金支付比例和业绩增长是否同比，基本上要和业务需求、目标设定以及财务成本相关联。

① 如果公司采用加速支付奖金比例的机制，就是在向销售人员传递希望大家向更高业绩努力的信息。当然，有可能是因为公司当前的业绩提升比较难，公司愿意付出更多的成本来提高业绩水平。反之，则是减速的机制。

② 在管理实践中，还有一种"阶梯式"的奖金支付机制（如图 3-9 所示）。这种机制呈现出来的特点是：在某一个业绩结果的区间内，浮动奖金的支付比例相同。和加速、减速、匀速比较，这种机制相对来说显得简明扼要。但需要特别小心的是，该模式运用的一个前提是业务人员不能过多地主观操控业绩结果。也就是说，在这种模式下，业务人员往往会把业绩水平"控制"在刚刚能够冲到新台阶的水平。

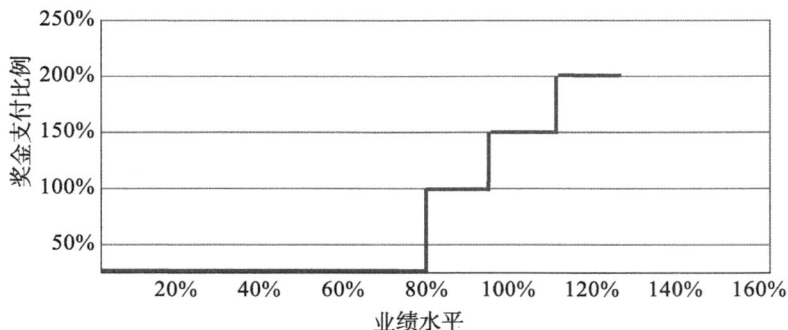

图 3-9　阶梯式奖金支付机制

3.2.4　计算方式

浮动奖金的计算方式（Math）通常有两种：按照某个既定的比例计算，或按照某个既定的金额计算。在管理实践中，很多公司喜欢用第一种模式计算奖金。两者的特点如表 3-14 所示。

表 3-14　两种不同的奖金计算方式

	按照既定比例计算	按照既定金额计算
表现形式	1. 目标奖金是基本月薪的百分比。例如，月度目标奖金是基本月薪的 20% 2. 目标奖金是多少个月的基本月薪。例如，年度目标奖金是 3 个月的基本月薪	1. 约定目标奖金的具体金额。例如，月度目标奖金是 5000 元 2. 用某个"点数"的办法来约定目标奖金金额，公司可以根据公司业绩和薪酬情况，调整 1 点代表的具体金额。例如，月度目标奖金是 50 点（1 点 =100 元）

（续表）

	按照既定比例计算	按照既定金额计算
具体应用	应用范围广，几乎所有职位、层级都适用	理论上可以适用于所有职位、层级；实践中往往用于销售人员的奖金管理
优缺点	优点：与基本月薪相关联，便于理解和操作 缺点：与基本月薪相关联，如果基本月薪高则目标奖金就会高；反之亦然	优点：便于管理。可以统一约定同样的级别，或者同样的职位类别，都是同样的目标奖金金额 缺点：员工激励的效果不统一。目标奖金和职位的层级或者类别有关系，和基本月薪没有关系。由此造成公司内部的薪酬结构没有规律的"固浮比"

接下来，我们用某家公司的案例，介绍一下"按照既定比例计算"的方式和"按照既定金额计算"的方式之间的区别。

【案例分析】　"按照既定比例计算"的方式和"按照既定金额计算"的方式对销售人员奖金比例的设定区别

某公司销售人员的目标奖金体系采用的是目标奖金是基本工资一定比例的方式。同一层级的销售人员具备同样的奖金比例。

表 3-15 列举了公司对不同级别销售人员实施的不同的奖金比例。

表 3-15　某公司销售人员的奖金比例表

职位级别	奖金占基本工资的比例
初级	20%
中级	25%
高级	30%

在实际工作中，上级经理逐渐发现奖金和工作业绩的匹配出现了如下一些问题。

（1）同一层级的销售人员，由于他们加入公司之前各自的工作经历、能力等不同，员工的基本工资往往就会不同。甚至有极端的案例，在招聘面试的时候，有的员工善于进行薪资谈判，其基本月薪就会高一些。而在日后的工作中，管理者逐渐发现该员工的工作情况与其基本月薪不相匹配。这样就会出现一个问题：同一个级别的员工，目标奖金相对于基本月薪的比例相同，但是实际的绝对金额却因为员工各自基本月薪的不同而产生较大差异。

（2）同一层级销售人员的销售目标往往差异不大。由于销售人员的工作能力不同、个人的努力程度不同，就会出现另外一个问题：虽然低基本工资员工的实际业务结果好于高基本工资的员工，但是由于前者的基本工资低，即便其最终业绩更好，他获得的奖金金额也会少于后者。

总之，问题的突出点在于：由于奖金和基本工资关联，造成低基本工资员工拿到的实际奖金可能会少，而且很可能是高绩效员工拿到的奖金反而会少。

销售部总监和薪酬经理沟通过这个事情。薪酬经理给出的解释是：由于员工的工作资历、能力等不同，使得员工在加入公司的时候无法统一设定基本工资。但是，每一个层级员工的奖金比例肯定是一样的。

对于上述观点，销售部总监是能够理解的，但是他仍然希望能够解决员工奖金和工作业绩结果之间的平衡问题。

经过多轮内部讨论，公司决定改革销售人员的奖金模式，把目标奖金计算方式调整为"按照既定金额计算"的方式。也就是说，无论员工的基本工资是多少，同一层级员工执行同样的目标奖金金额。为了便于公司日后调整目标奖金的金额，公司采用"点数"的办法来操作。

表 3-16 列举了公司为不同级别销售人员匹配的奖金比例。

表 3-16 某公司销售人员的奖金比例

职位级别	奖金占基本工资的比例
初级	20 点
中级	25 点
高级	30 点

公司当时约定"1 点 =100 元"。举例来说，初级销售人员

的目标奖金是 2,000 元（100×20=2,000），中级销售人员的目标奖金是 2,500 元（100×25=2,500），高级销售人员的目标奖金是 3,000 元（100×30=3,000）。

这样做就能立刻解决目标奖金的"同工同酬"问题。同样层级的销售人员会有比较接近的销售目标，也会有同样的目标奖金。由于目标奖金和销售人员的基本工资脱离了，只和他们的职位层级有关，并且是同级别、同目标奖金，那么在实际分配奖金的时候，就很容易从奖金的实际获得上看到"多劳多得"的情况。员工的业绩好，他的奖金支付比例就会高。

在这种"目标点数"的方式运转了几年后，貌似公平的"既定目标奖金金额"方式也逐渐显现出了弊端。

（1）同一个层级员工的目标奖金金额是一样的，但是因为员工基本工资会有差异，所以，即便是同一个层级的员工，其薪酬的固浮比总会有差异，从而不利于薪酬管理。

（2）同一个层级员工的目标奖金金额都是一样的，而基本工资会有所差异，就会造成基本工资越高的员工固定工资比例越高，其薪酬模式就更加偏向于"稳定型"薪酬结构。那么，为什么该员工的基本工资高呢？可能是因为其经验丰富、能力强或工作业绩好。对于这些能力强、基本工资高的员工，公司希望其能够做出更多的业绩。但是，由于目标奖金是一样的，高基本工资的员工反倒没有（或者很少）受到激励。反而由于同一个级别内，基本工资较低的员工，其浮动奖金占比较高，对员工起到了更好的激励作用。

（3）因为这种"既定目标奖金金额"方式比较适合销售人员的操作，所以公司内部其他职能体系人员仍然采用目标奖金占基本工资一定比例的方式。当员工在销售部门和非销售部门之间调动时，就带来了薪酬结构调整方面的问题。

（4）虽然最初设计的时候用点数来代替实际的金额，希望便于日后的既定奖金金额调整，但在实际工作中薪酬经理发现，并不是每年都会调整 1 点代表多少钱。这种调整的时间又很难明确为一年还是两年。这就造成了员工每年调整基本工资，但不调整目标奖金，目标奖金的激励作用变得越来越弱。

这种奖金计算方式在运转几年之后，经管理层讨论和审批，决定将公司浮动奖金的计算方式重新调整为目标奖金占基本工资一定比例的方式。主要原因是：

（1）按照既定金额计算的方式，不容易通过固浮比的调整来激励员工；

（2）虽然会存在员工基本工资低、实际奖金少的情况，但适当利用薪酬调整机制，能够让能力强、业绩高的员工获得较高的奖金。

> **【案例启发】 适合自己的才是最完美的计算方式**
>
> 　　在计算浮动奖金的这两种方式中，没有哪种方式是绝对完美的。企业的实际运作反馈是：与基本工资相关联的方式比较容易理解和操作；而"按照既定金额"来操作的方式，貌似"一刀切"，但是能够解决某些公司历史遗留的不同基本工资的问题。

3.3　PMT 模型中 T 的四要素

P	奖金哲学 Philosophy	适用人群 Participant	薪酬结构 Pay Mix	市场定位 Position
M	衡量指标 Measurement	激励上限 Maximum	激励机制 Mechanism	计算方式 Math
T	奖金类型 Type	激励目标 Target	支付周期 Time	事务管理 Trivial

3.3.1　奖金类型

说到奖金的类型（Type），这里需要说明的主要是目标奖金方案和佣金（很多时候，大家喜欢称其为提成）的区别。在管理实践中，一般把目标奖金体系称为浮动奖金。

事实上，"提成"这个概念反倒比佣金更容易理解——提取业绩成果中的一部分作为收益。从这个角度看，佣金方案比较简单直接：

（1）设定工作结果的指标（什么样的业绩指标）；

（2）这个指标和收入的关联关系（一定收益比例的加速、减速还是匀速）。

表 3-17 总结了两种奖金类型的区别。

表 3-17　目标奖金和佣金的比较

类别	目标奖金	佣金（提成）
定义	占基本月薪的一定比例，或事先约定一笔收入为目标奖金；实际的奖金由实际的业绩水平和目标业绩比较的结果决定	与某一个业务结果直接关联，关联可以用某个比例或直接用收入金额来表示
适用人群	普适性	一般针对销售人员或具备销售性质的从业人员。例如，某些公司为鼓励"全员销售"，不论是哪个部门的人员，只要是他做了销售业务，就可以获得提成奖励
激励作用	平衡各种目标结果，综合激励作用强	产出和奖励直接关联，激励作用简单明了
管理控制	容易控制和预测奖金的金额，员工收入相对比较稳定	不容易控制和预测实际奖金的金额，员工收入具有一定的波动性
业务属性	适用于各种业务形态，特别是对于流程复杂、多个部门或团队负责的产品	适用于业务流程相对简单的产品
综合考察	可以同时考虑业务结果和付出的过程	突出强调业务结果，忽视过程

如何快速判断自己的公司适用于哪种模式呢？主要是看公司的业务形态。

如果一家公司的业绩能够直接与为此付出努力的人员或团队相关联，就适合采用佣金的模式。业绩结果和团队收入直接关联的情况，一般称为团佣或公佣。例如，快消品行业多采用佣金的模式；又如，物流公司对快递人员的管理也适用于这种模式。这些公司的业务模式符合以下表述。

（1）特点：业绩结果和付出努力的人员直接相关。

（2）定义：既可以按照销售收入的一定比例提取奖金（例如，销售提成为销售收入的1%、销售提成为销售毛利的1%），也可以约定一定的销售收入提取固定奖金（例如，销售收入100元就可以提成1元）。

（3）激励与管控：直接激励人员努力工作，员工"多劳多得"；重视结果，忽视过程；换言之，公司不重视员工为获得结果而采取的行为（例如，公司不在意员工是不是彼此之间互助互利）。

以上介绍的内容是采用佣金的情况。如果一家公司的销售业绩需要诸多部门的参与才能完成，就不太适合采用佣金方案。例如，某家全国性的公司销售大型成套设备，就可能会出现以下情况：北京的销售团队和客户签约一笔订单，需要上海的部门进行设计、广州的工厂生产制造，最后通过物流送至最终用户，同时需要工程技术部员工的安装调试和售后服务等。这样的销售模式就不适用于简单的佣金方案，因为这样做很难把这一单生意中付出贡献的部门或人员与最终业绩直接关联。

另外一个疑问是：这两种方案是不是可以在同一家公司内部组合使用呢？答案是可以。这时会出现以下几种情况。

（1）公司针对销售人员采用个人佣金（按照每位销售人员各自的业绩发放相应的提成奖金），针对非销售人员采用平均佣金（非销售人员平均分配公司奖金总包）。

（2）公司针对销售人员采用个人佣金，针对非销售人员采用目标奖金。

（3）公司针对销售人员采用目标奖金的模式，针对非销售人员也采用同样的模式。

（4）公司针对销售人员采用目标奖金的模式，但是为了激励某一款特殊产品的销售，可能会针对该产品实行某种特殊的佣金。这个佣金很可能是团体佣金。

【案例分析】　目标奖金和佣金的应用区别

某公司销售多种工业用电气设备，该公司对销售人员采用目标奖金的激励模式。今年，公司开发了一款具有一定战略意义的新产品，该产品的销售可以带动其他相关产品的销售业绩。公司为了鼓励销售人员在这款新产品上加大投入，在其他产品的目标奖金机制不变的基础上，设定了针对该新产品的佣金方案。

具体方案是：根据不同的职位层级，目前销售人员的目标奖金分别是其基本月薪的 20%、25%、30%。为了激励员工努力销售新产品，当新产品的销售额达到某一特定金额的时候，全体员工的目标奖金在现有比例的基础上分别提高 5%，变成了 25%、30%、35%。

【案例启发】　使用目标奖金还是佣金要做具体分析

这个案例综合使用了目标奖金和佣金，虽然不是惯用的那种同比例增长的模式，但也是销售收入直接关联员工奖金，而且属于团体佣金的范围。当然，公司也可以采用直接佣金的方式：对于销售新产品的员工，直接按照销售收入的一定比例发放奖金。

3.3.2　激励目标

奖金体系中的激励目标（Target）指的是与员工奖金获得有关联的若干目标要素，如公司整体目标、业务部门目标、员工个体目标等。由于这些目标的设定往往是和员工实际获得奖金的情况相关联，因此一家公司在进行取舍时，必定会结合奖金哲学来综合考虑。具体地说，在激励目标的设定上，公司是以整体业绩为导向，还是以员工个体业绩为导向？

一般来说，这种激励目标设定之后，会呈现图 3-10 所示的情况。即不同层级或不同职位类别的员工，与他们奖金关联的激励目标也会有所不同，并且激励目标所占权重会根据层级的不同而有所不同。当然，无论如何设置，所有激励目标的总和一定是100%。

目标的组织层级				
员工层级	整个公司	业务单元	团队	个体
高级管理人员	40%	30%	20%	10%	= 100%
中级管理人员	$x1$%	$x2$%	$x3$%	$x4$%	= 100%
初级管理人员	$x1$%	$x2$%	$x3$%	$x4$%	= 100%
基层员工	10%	20%	30%	40%	= 100%

不同的权重组合

偏重整体 ◀▬▬▶ 偏重个体

图 3-10　不同激励目标的要素组合（示例）

那么，薪酬经理为什么要考虑不同的激励目标呢？该如何考虑呢？

（1）管理者需要回答的问题是：对于员工的浮动奖金激励，是要体现每一位员工都能够从公司盈利中受益，还是要针对每一位员工个体的贡献不同而体现不同的奖金？这个问题就是奖金哲学需要解决的问题。

从图 3-10 中不难看出，如果在发放浮动奖金的时候，每一位员工奖金的获得要素仅仅考虑公司总体目标的达成情况，就意味着全员共同享受公司成功的"快乐"。从某种程度上讲，这种奖金分配机制类似于"大锅饭"。从图 3-10 中也可以看出，如果奖金发放仅仅和每一位员工的业绩达成情况有关联，就意味着公司的奖金完全倾向于员工个体业绩导向。

因此，一般公司在设定目标时都要综合考虑需要哪个组织层面的目标。

（2）要根据组织层级或公司规模，考虑不同层级人员的目标要素的权重是否不同。一般来说，越是高级别的人员，其工作业绩的好坏对公司整体业绩的影响就越大，就越偏重公司总体目标的权重。

（3）还要考虑不同职位类别是不是目标要素内容不同。一般来说，越是对销售人员的激励，就越应该偏重个体结果；越是对综合支持、后勤支持人员的激励，就越应该偏重多种因素组合。

以上是激励目标里面的不同要素，以及它们的设定原则。接下来探讨如何将它们组合在一起来计算或关联奖金的支付。

在公司的管理实践中，一般有两种操作方法。有的公司也会采用第三种办法，也就是前两种方法的"混合型"。

第一种操作方法是激励要素"相加"——各个激励要素之间单独计算奖金情况，然后逐一累加得到最终的奖金结果。用公式

来表达就是:

员工实际奖金 = 激励目标 A 完成情况的奖金 + 激励目标 B 完成情况的奖金 + 激励目标 C 完成情况的奖金 +⋯

为了使阐述更加直白, 下面通过一个案例进行剖析。

【案例分析 1】　激励要素"相加"得出员工实际奖金

某全球性集团公司将人力资源部员工的奖金划分为不同的激励目标要素。具体分配情况如表 3-18 所示。

表 3-18　某集团公司内部员工奖金目标比例

激励目标	集团整体目标	中国公司整体目标	员工个人目标
管理层	10%	40%	50%
员工层	10%	30%	60%

在这样的激励目标组合下, 我们用该部门员工小张的薪酬结构来举例。

基本月薪: 10,000 元

目标奖金: 基本月薪的 15%

年度目标奖金: 基本月薪 × 12 × 15%=10,000 × 12 × 15%=18,000 (元)

根据奖金目标的比例, 小张的奖金中有 10% 是和集团整体目标完成情况相关的，即 1,800 元（18,000 × 10%=1,800）；30% 关联的是中国公司整体目标完成情况，即 5,400 元（18,000 × 30%=5,400）；60% 关联的是员工个人目标完成情况，即 10,800 元（18,000 × 60%=10,800）。

最终，该年度集团的整体业绩不佳，只完成了目标的 50%；中国公司业绩还不错，完成了目标的 120%；小张的上级经理给他的业绩评价为优秀，他可以获得 150% 的目标奖金。那么，小张实际获得的奖金该如何计算呢？具体如表 3-19 所示。

表 3-19　小张实际奖金获得分析

业绩指标完成情况	获得奖金比例	实际奖金结果（元）
集团整体业绩不佳，完成了目标业绩的 50%	（假设奖金比例和业绩完成比例一致）50%	18,000 × 10% × 50%=900
中国公司业绩还不错，完成了目标的 120%	（假设奖金比例和业绩完成比例一致）120%	18,000 × 30% × 120%=6,480
个人业绩评价为优秀	150%	18,000 × 60% × 150%=16,200
小张年度总奖金		900+6,480+16,200=23,580

> **【案例启发 1】 激励要素"相加"的操作方法比较稳定**
>
> 　　在该公司后勤支持人员的奖金目标中，设定了与集团公司业绩、中国公司业绩及员工个人业绩相关联的目标。其体现出来的思路是：公司希望每位员工都能共同"分享"公司的经营结果，还要兼顾考虑员工个人的工作业绩。
>
> 　　另外，由于不同层级人员对公司总体业绩的影响不同，所以层级高的员工在组织层面的目标上设定的比例权重更多一些。员工实际获得的最终奖金，需要根据既定的不同目标结果分别计算，最后累加。
>
> 　　从总体上看，由于考虑因素比较多，因此入职时间不同的员工获得的实际奖金差异不大。从个体上看，每位员工每年实际获得的奖金差异不大。
>
> 　　总体来说，这种模式比较稳定。

　　第二种操作方法是激励要素"相加"，但和公司总体结果"相乘"——各个激励要素单独计算奖金，然后逐一累加；最后需要和组织层面某个目标结果完成的系数相乘，从而得到奖金的数额。

用公式来表达就是：

员工实际奖金 ＝（激励目标 A 完成情况的奖金 ＋ 激励目标 B 完成情况的奖金＋激励目标 C 完成情况的奖金 ＋ …）× 组织层面某个激励目标完成情况的系数

下面同样用一个案例来分析。

【案例分析 2】 激励要素"相加"再"乘以"公司目标得出员工实际奖金

同样是某全球性集团公司，公司将人力资源部员工的奖金分为不同的激励目标要素。不同的是，集团整体目标不再是简单的"相加"关系，而是"相乘"。具体如表 3-20 所示。

表 3-20 某集团公司部门员工新奖金目标比例

激励目标	中国公司整体目标	员工个人目标
管理层	40%	60%
员工层	30%	70%

同样以该部门员工小张为例。如果小张的工资结构、当前业绩情况与前面案例相同，那么，小张实际获得的奖金如表 3-21 所示。

表 3-21　小张实际新奖金获得分析

	获得奖金比例	实际奖金结果（元）
集团整体业绩不佳，完成了目标的 50%	奖金系数 50%	18,000 × 10% × 50%= 900
中国公司业绩还不错，完成了目标的 120%	（假设奖金比例和业绩完成比例一致）120%	18,000 × 30% × 120%=6,480
个人业绩评价优秀	150%	18,000 × 70% × 150%= 18,900
小张年度总奖金		（6,480 + 18,900）× 50%= 12,690

【案例启发 2】　激励要素"相加"再"乘以"公司目标可以"加速"或"减速"员工实际奖金

该公司的浮动奖金激励目标同样是考虑了不同层面的激励要素，但是有别于"简单相加"的模式，这里将集团公司总体完成情况作为一个系数，来"加速"或"减速"员工实际奖金获得的情况。因此，这种操作方法会造成宏观上公司总体的奖金预算出现波动，微观上员工实际获得奖金难以预测的局面。

为了进一步澄清两种模式的情况，我们把相关内容进行罗列对比，具体如表 3-22 所示。

表 3-22　两种操作方法的比较

	简单"相加"	"相加"然后"相乘"
公式	激励目标 A 奖金 + 激励目标 B 奖金 + 激励目标 C 奖金 + …	（激励目标 A 奖金 + 激励目标 B 奖金 + 激励目标 C 奖金 + …）× 事先约定的系数
公式举例	公司奖金 + 部门奖金 + 个人奖金	（部门奖金 + 个人奖金）× 公司业绩系数
特点	各个激励目标"独立"存在，对最终实际奖金的影响有限；员工奖金波动较小	"相乘"系数对最终实际奖金有很大影响；员工奖金波动大
极端情况的思考	✔ 如果员工个人目标占比较低，员工个人努力和最终实际奖金关联很小，奖金的激励作用就会降低； ✔ 如果员工个人目标达成情况为零，员工仍然会"分享"组织层面的业绩奖金，就会有"养懒人"的情况出现； ✔ 如果公司业绩为零，员工仍然可以获得个人业绩部分的奖金，就会出现"公司不盈利，而员工能够获得奖金"的现象	✔ 受到最终"相乘"系数的影响，员工实际获得奖金的激励作用不确定； ✔ 同样会有"养懒人"的情况出现； ✔ 如果公司业绩为零，最后"相乘"的系数为零，就会出现"公司全体人员没有奖金"的情况。这个时候，是否能够激励高绩效员工就是一个问题

为了应对以上问题，有以下几个解决方案可供参考。

（1）为防止"养懒人"的情况出现，可以适当提高奖金的个体激励性。有两种做法可供参考。

① 从公司总体层面上，根据集团公司、本地公司、各个部门不同的业绩情况，实行奖金包的逐层分配。分配到最基层经理的时候，就直接根据员工个体业绩进行奖金分配。这样做从宏观上体现出不同激励目标的作用，从微观上直接激励员工"多劳多得"，同时给予部门经理更大的管理权限。

② 虽然员工实际奖金获得由各个激励目标的完成情况决定，但负责决策员工最终奖金金额的业务经理有权进行"统筹调整"。换言之，如果业务经理发现某员工的业绩较差，该经理有权不给该员工发放奖金。

（2）在简单"相加"模式里，为防止在公司"零业绩"、不挣钱的情况下，员工仍然可以拿到部分奖金的情况出现，可以把公司总体目标的达成情况做成浮动奖金发放启动的"触发器"。即如果公司的某个业绩指标不达标，则全体员工没有奖金。

（3）在"相乘"模式里，为防止公司"零业绩"带来全体员工没有奖金，从而"伤害"了高绩效员工的工作积极性，公司可以采用奖励和认可相结合的方案。即公司设定奖励评优机制，通过评选和奖励如"最佳销售""最佳技术支持"等人员，表扬优秀事迹、鼓励先进分子。

如果仅仅从逻辑上分析，这种诸多激励目标之间的组合关系还会有很多种方式。

例如，

要素之间都是"相乘"的关系，即员工个人目标完成情
况 × 团队系数 × 公司系数。
或者是员工个人目标完成奖金 × 团队系数 + 公司目标
完成奖金。

需要再次说明的是：

（1）奖金目标的设定要素之间的"加""乘"关系不能过于
复杂。否则的话，如果员工不能理解，就失去了激励的作用；

（2）"相加"的关系得到的奖金发放结果会比较稳定，"相乘"
的关系得到的奖金发放结果会有波动性，因此，后者的财务成本
较难控制。

3.3.3　支付周期

一家公司员工奖金的支付周期（Time），往往既要和各自业
务特性相关联，又要考虑公司所在人才市场的管理实践。公司各
自的业务特性主要是产品的销售周期以及财务部能否统计和分析
出与公司运营相关的财务指标、公司内部各种业绩管理的指标设
定周期等。外部人才市场的管理实践中，一般就是考虑本公司员
工曾任职公司的奖金支付周期。这样做的目的是确保本公司奖金
支付周期带来的激励作用和其他公司尽量保持一致。

说到这个话题，自然就会引发一个问题：浮动奖金的支付周
期和激励性有什么关系？我们用表 3-23 来解释。

表 3-23　浮动奖金支付周期比较

考虑因素	支付周期		
	月度	季度	年度
激励力度	较高	中等	较小
业绩追踪	容易计算、追踪和评判业绩结果	能够在季度内统计核实业绩情况	业绩完成情况难以短期内追踪
销售周期	每天 / 每周	通常几个月	通常几个季度，有些超过一年
保留作用	低	中等	高

总之，如果奖金支付周期短，员工完成工作后很快就可以拿到相应的奖金，其激励作用最强，但员工可能会拿钱走人，因此保留员工的作用最差；如果奖金支付周期长，奖金的激励作用就会很低，但可以起到保留员工的作用。

另外一个经常被大家提及的话题就是项目奖金的支付周期。关于项目奖金的支付周期，基本上可以分为固定和非固定两种。考虑各家公司项目的不同情况，项目奖金的支付往往和某个业务指标相关联。例如，有些公司只要是项目签约，就可以根据签约金额支付浮动奖金；有些公司会根据项目回款来支付浮动奖金；有些公司会根据回款并结合项目费用计算出项目毛利，来支付浮动奖金等。

（1）固定支付周期。公司参照行业通常做法采取某一固定周期支付浮动奖金，如季度或年度。在管理实践中，一旦工作开展起来，若干项目在时间上会有叠加。因此，理论上说任何时点都可能会有项目回款进账。公司为便于统一管理，就会约定在季度或年度内统计相应的项目财务指标（如项目回款、项目毛利等），并据此来支付项目奖金。

（2）非固定支付周期。公司根据可以衡量的某个项目指标，如项目回款，随时支付项目的浮动奖金。换言之，只要是项目"收到"了钱，公司就会支付相应的奖金。即便是非固定周期，公司考虑到内部管理成本的问题，一般也会每月结算一次。

和浮动奖金支付周期相关的一个重要话题就是——在对应周期内如何计算奖金？在计算奖金的时候，薪酬经理需要考虑当期的业绩完成情况是按照什么标准来计算的。一般来说，公司在设定和考核销售指标的时候主要有三种模式：当期结算模式、当期滚动模式、年度总体模式。

当然，这三种模式主要是针对销售人员的奖金支付。对于非销售人员来说，因为很多时候都是依据上级主管经理的业绩评价来计算奖金，所以薪酬经理只要考虑清楚某一个时间段内的目标设定和目标完成情况即可。

假设某个销售人员的年度销售任务是2,000万元。考虑到销售工作的特点，这2,000万元的任务很少会平均分配到每个季度。公司的业绩考核可能会有三个模式：当期结算模式——每个季度的指标和完成情况；当期滚动模式——每个季度指标都从第一季度滚动累计计算；年度总体模式——年度指标和完成情况。图

3-11 介绍了三种销售指标的分配和考核模式。

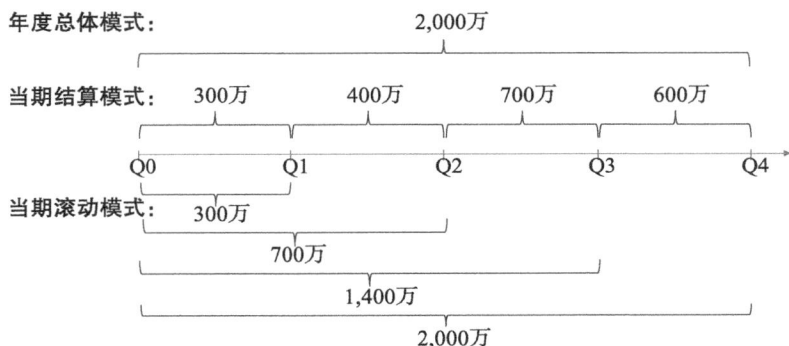

图 3-11 三种销售指标的分配和考核模式（单位：元）

（1）如果采用当期结算模式，那么员工实际奖金的多少直接由每个季度的业务目标与实际完成情况的比例决定。

（2）如果采用年度总体模式，那么员工每年实际奖金的多少根据年度实际销售情况与年度总目标的比例来计算。

（3）如果采用当期滚动模式，那么每个季度员工的奖金根据年初的累加目标和累加销售完成情况计算，并需要把计算出来的奖金减掉前面季度已经支付的奖金。

我们可以用简单的一个图表概括这三种不同的支付模式，具体如表 3-24 所示。

表 3-24　三种不同支付模式比较

支付周期	当期结算模式		当期滚动模式		年度总体模式	
	目标	奖金	目标	奖金	目标	奖金
Q1	X1	Y1	X1	Y1	全年	Y1
Q2	X2	Y2	X1+X2	Y2–Y1	全年	Y2–Y1
Q3	X3	Y3	X1+X2+X3	Y3–Y2–Y1	全年	Y3–Y2–Y1
Q4	X4	Y4	全年	Y4–Y3–Y2–Y1	全年	Y4–Y3–Y2–Y1

【案例分析】　三种不同的奖金支付模式的应用

假设某员工的月度目标奖金为 2,000 元，那么他的季度目标奖金为 6,000 元。该员工的奖金与业绩完成情况直接关联，即业绩完成比例就是奖金发放比例（例如，业绩完成 80%，实际发放奖金 4,800 元（6,000 × 80% = 4,800）。

在这个案例中，员工的年度总业绩目标是 2,000 万元；员工在四个季度的目标业绩如图 3-11 所示，分别为 300 万元、400 万元、700 万元、600 万元；该员工在四个季度的实际业绩分别为 200 万元、500 万元、600 万元、700 万元。

在不同模式下，员工当期的业绩完成比率是不一样的，具体如表 3-25 所示。

表 3-25　不同模式下的业绩完成比率

支付周期	当期结算模式			当期滚动模式			年度总体模式		
	目标（百万元）	实际业绩（百万元）	业绩完成比例	目标（百万元）	实际业绩（百万元）	业绩完成比例	目标（百万元）	实际业绩（百万元）	业绩完成比例
Q1	3	2	2/3	3	2	2/3	3+4+7+6	2	2/20
Q2	4	5	5/4	3+4	2+5	7/7	3+4+7+6	2+5	7/20
Q3	7	6	6/7	3+4+7	2+5+6	13/14	3+4+7+6	2+5+6	13/20
Q4	6	7	7/6	3+4+7+6	2+5+6+7	20/20	3+4+7+6	2+5+6+7	20/20

到目前为止，我们看到在三种模式下的客观信息都是一样的：

✓ 发放周期都是一个季度；

✓ 总体的年度业绩指标是一样的；

✓ 每个季度的实际业绩完成情况都一样。

由于存在不同的计算模式，导致细节有所不同：

✓ 目标和实际完成业绩的统计周期不同；

✓ 对应奖金的计算周期（开始和结束的时间）不同；

✓ 计算方法和最后奖金有所不同。

因此，我们看到在这三种不同的模式下，员工每个季度及全年度实际奖金是不同的，具体如表 3-26 所示。

表 3-26　不同模式下的员工实际奖金

支付周期	当期结算模式		当期滚动模式		年度总体模式	
	业绩完成比例	季度奖金（元）	业绩完成比例	季度奖金（元）	业绩完成比例	季度奖金（元）
Q1	2/3	6,000 × 2/3=4,000	2/3	6,000 × 2/3=4,000	2/20	6,000 × 4 × 1/10=2,400
Q2	5/4	6,000 × 5/4=7,500	7/7	6,000 × 2 × 7/7 −4,000=8,000	7/20	6,000 × 4 × 7/20− 2,400=6,000
Q3	6/7	6,000 × 6/7=5,143	13/14	6,000 × 3 × 13/14− 4,000− 8,000=4,714	13/20	6,000 × 4 × 13/20− 2,400−6,000=7,200
Q4	7/6	6,000 × 7/6=7,000	20/20	6,000 × 4 × 20/20− 4,000−8,000− 4,714=7,286	20/20	6,000 × 4 × 20/20− 2,400−6,000− 7,200=8,400
年度奖金		23,643	年度奖金	24,000	年度奖金	24,000

总结一下三种模式各自的特点。

（1）当期结算模式，每个季度的奖金单独计算。业绩完成率都是用季度实际完成情况除以季度目标业绩，然后用目标奖金乘以业绩完成率来计算实际奖金。员工的季度奖金和员工当季度的目标、实际业绩完成情况有关。

（2）当期滚动模式，从年度开始计算累计季度的目标和业绩完成情况。用季度目标奖金乘以相应的累计若干季度，然后乘以业绩完成率计算累计奖金，再减去已支付的季度奖金。

（3）年度总体模式，按照年度总体目标和业绩的完成情况计算奖金。用全年目标奖金乘以相应的累计业绩完成率计算累计奖金，然后减去已支付的季度奖金。

下面，我们从逻辑上讨论一下这三种模式的优点和缺点。

（1）年度总体模式在一定程度上忽略了每个季度业绩完成的"高高低低"现象。当然，年度总体模式结合以年度为周期的奖金支付，这样就会更加简单和完美。但是，按照年度总体模式来计算，如果奖金发放还有一定的"门槛值"，就可能造成前面季度没有奖金的情况，从而不利于激励销售人员。

（2）当期滚动模式具备较高的操作性。这种模式既考虑了全年和滚动季度的目标，又考虑了季度滚动的业绩完成情况。这样做的主要缺陷是计算复杂，不便于沟通和理解。

（3）如果按照当期模式计算奖金，当某个季度目标业绩设定比较低时，实际销售结果的完成率可能就会特别好，就会造成当季度奖金很高的现象。在这种情况下，如果员工下个季度辞职，就会给公司带来奖金支付的"损失"。

当然，最稳妥的办法就是年度设定目标、年度业绩考核、年度发放奖金的模式。这种办法省略了季度计算，消除了减去前面季度已经支付奖金的烦恼。但是，由于奖金支付周期为年度，奖金的激励力度就会比较低。总之，在明确奖金的支付周期这个问题时，薪酬经理要结合公司的实际产品、业务情况，以及业务指标的财务统计情况，判断是否能够满足公司保留人才和激励人才的需要。

3.3.4　事务管理

在设计、推广、实施浮动奖金体系时，薪酬经理需要考虑如下一些琐碎的事务性工作（Trivial）。

（1）政策制度——简单明确、通俗易懂。人力资源部要根据公司的实际情况，及时有效地推出相关的奖金管理政策，并且确保政策通俗易懂，能够有效传递必要信息。如果员工看不懂奖金管理政策，它基本上就不能发挥相应的激励作用。

（2）内部沟通宣传——持续有效、多管齐下。任何一种激励体系的沟通工作都需要从体系建立开始就持续不断地和相关人员沟通与解释，确保所有人员都明白如何设定目标、如何考核目标、如何计算和发放奖金等。

（3）操作执行团队——严谨规范、计算准确。不论是佣金还是目标奖金，在计算员工奖金时都需要用到专业规范的团队。在选择具体的计算工具时，有些公司会利用 Excel 软件来计算，这就需要薪酬经理根据各种情景提前设定不同的函数公式；有些公司采用在线的系统来计算，这就需要专业团队及时根据公司内部的变化来维护系统。

（4）业绩追踪机制——清晰明确、信息准确。一般来说，员工实际拿到的奖金是与业绩结果相关联的，因此就需要有专门的部门和人员来统计、追踪公司或员工的业绩情况。根据组织设定不同，一般会由财务部、销售管理部、人力资源部等共同负责。

无论是哪个部门负责，都必须明确数据的收集、整理、计算机制，只有这样才能确保业绩追踪的可靠与稳定。

（5）引入过渡方案——平稳过渡、积极正向。在推出或更新任何新的奖金激励政策、体系的时候，人力资源部都需要推出适当的过渡方案，确保在新老政策过渡期员工的收入和工作不受负面影响，或者负面影响很小。

（6）预案特殊情况——在政策制定过程中，人力资源部需要针对很多特殊情况进行特殊约定。比较典型的是员工在某个奖金发放周期内，由于某些薪酬因素发生变化，造成最终奖金计算的变化。例如，薪酬调整带来基本月薪的提高、薪酬的固浮比产生了变化、员工晋升奖金衡量维度的内在比例变化、员工调换部门导致产生离开或加入销售激励体系的情况等。

第 4 章

奖金体系的管理

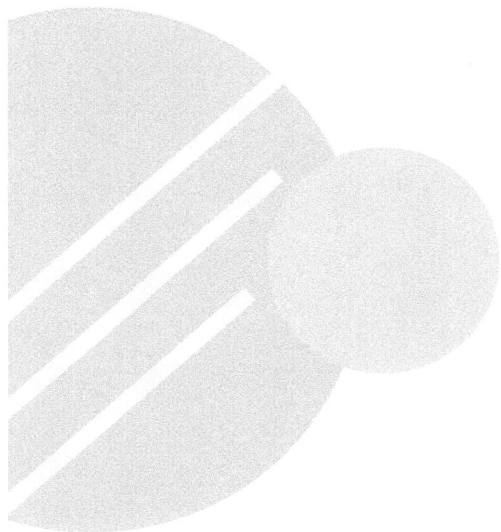

4.1　奖金分配的若干类型

奖金分配类型是指公司如何从宏观层面分配奖金。当然，无论哪种类型的分配机制，公司层面首先要确保"有钱可分"才行。这就是为什么公司管理者在采用不同类型的分配机制时，事先都要预估一下公司的盈利状况（或奖金的预提成本）。

（1）利润分享：公司约定拿出一定比例的总体利润，作为奖金分配给员工。这样的结果统计肯定要以财务表现为基础口径。公司可以采用以下几种形式：

① 公司年度利润的 $xy\%$ 作为总体奖金包分配给员工；

② 公司年度利润超过人民币 ××× 元之后，会提取其中的 $xy\%$ 作为员工总体奖金包。

（2）目标分享：公司首先设定组织层面的目标，根据目标达成情况，设定总工资的一定比例作为奖金包分配给员工。这里所指的目标，通常都是组织层面的、可以量化的指标。

① 组织层面，可以是公司、部门或分（子）公司、项目部门等；

② 指标层面，既可以是财务指标（收入、回款、费用等），也可以是业务指标（第三方调研的客户满意度、市场占有率等）。

（3）盈余分享，也称为"生产率""收益分享"，是指将由生产率改进、质量提高或成本节省等因素给公司带来的经济收益作为奖金包。例如，将成本节省金额的 $xy\%$ 作为奖金包。

与奖金分配相对应的另外一个话题就是总体奖金包的预算规划，也就是从公司层面为总体奖金做预算，该项工作通常是公司管理层和财务部共同完成的。由于公司情况差别很大，在此提出通用模式供大家参考。

（1）利用公司现有的目标奖金或佣金的模式，采用"自下而上"累计的形式进行奖金包预测。即计算不同部门、不同层级每位员工的目标奖金、实际奖金或佣金情况，然后计算平均水平、总计水平，最后根据当期和未来人数的变化，结合当期总奖金制定预算。

【案例分析1】　用目标奖金的模式预测奖金包

假设公司采用目标奖金的模式。薪酬经理要先统计每一位员工的薪酬状况，形成如表4-1所示的统计报表（举例）。

表 4-1　员工奖金预算表

姓名	部门	层级	……	基本月薪（元）	目标奖金比例	目标奖金（元）	实发奖金（元）
Xy	ABC	3	……	8,000	15%	1,200	1,400
Yw	BCD	2	……	6,800	10%	680	700
Dz	HFG	4	……	9,800	20%	1,960	2,000
……	……	…	……	…	…	…	…

　　这张表的意义在于，薪酬经理可以根据它计算出不同部门、不同层级员工薪酬的总计数和平均数，形成如表 4-2 所示的内容。

表 4-2　部门人员薪酬平均表

部门	层级	人数（人）	平均基本月薪（元）	平均目标奖金（元）	平均实发奖金（元）
ABC	2	122	6,750	675	680
ABC	3	154	8,520	1,278	1,310
ABC	4	36	9,870	1,974	2,250
BCD	2	279	6,590	659	810
BCD	3	368	8,130	1,220	1,100
BCD	4	73	9,180	1,836	1,980
……	…	…	…	…	…

　　接下来，预算公司未来人数（如表 4-3 所示）。

表4-3 部门人数预算

部门	层级	今年人数（人）	明年人数（人）	人数变化（人）
ABC	2	122	140	18
ABC	3	154	160	6
ABC	4	36	40	4
BCD	2	279	300	21
BCD	3	368	390	22
BCD	4	73	80	7
……	…	…	…	…

　　根据各部门、各层级平均薪酬水平，结合未来人数预算，薪酬经理就可以制定出总体的奖金预算，并计算出不同部门、不同层级的目标奖金、实际奖金的情况。特别是预测出实际奖金的发放情况后，薪酬经理可以和公司预计的未来业绩进行比较，从而看出总体奖金成本与未来业绩的比例关系，在公司层面控制奖金总成本。最终，生成了如表4-4所示的内容。

表4-4 总目标奖金预算

部门	层级	明年人数（人）	平均目标奖金（元）	预测目标奖金（元）
ABC	2	140	675	94,500
ABC	3	160	1,278	204,480
ABC	4	40	1,974	78,960
BCD	2	300	659	197,700
BCD	3	390	1,220	475,605
BCD	4	80	1,836	146,880
……	…	…	…	…

【案例启发 1】 目标奖金模式的好处

因为公司有明确的奖金和基本月薪的比例，所以薪酬经理可以用这种形式逐步累计各个部门或各个层级的奖金情况，再根据公司未来的总体业绩指标微调总体的奖金包。

（2）根据公司总体业绩情况，采用"自上而下"的形式进行奖金包的预算制定。

根据公司业务的总体情况，分析各个业务指标的重要性，然后综合判断总体奖金包的预算。实际上，这种方法是利用了统计学上的多元回归的逻辑，即：

奖金总包预算＝系数$_1$× 明年业绩指标$_1$× 权重$_1$＋系数$_2$× 明年业绩指标$_2$× 权重$_2$＋系数$_3$× 明年业绩指标$_3$× 权重$_3$＋……

【案例分析 2】 用业务指标预测奖金包

某公司的业务考核指标主要是收入和利润。该公司需要根据今年的业务情况和总体奖金发放情况，制定明年的总体奖金预算。公司当期和明年的指标情况如表 4-5 所示。

表 4-5　公司业绩和奖金包关联表

指标	权重	今年实际情况（万元）	明年预测（万元）
收入	60%	1,000	1,250
利润	40%	80	110
奖金包		105	x

首先，薪酬经理需要根据今年的业绩和奖金包情况分别计算各自的系数：

系数 $_1$ ＝今年奖金包 / 收入＝105/1,000＝0.105

系数 $_2$ ＝今年奖金包 / 利润＝105/80＝1.3125

然后，利用多元回归的公式编制预算：

明年奖金包预算＝系数 $_1$ × 明年收入 × 权重 $_1$ ＋系数 $_2$ × 明年利润 × 权重 $_2$ ＝0.105 × 1,250 × 60% ＋ 1.3125 × 110 × 40% ＝136.5

【案例启发 2】　用业务指标预测奖金包的好处

这种方法的好处是把奖金包（或者拓展为总体的薪酬预算）的预算和业务指标关联起来，综合考虑某几种业务指标的达成情况，以此预测奖金成本（或薪酬成本）的情况。

4.2　现有奖金体系的诊断分析

薪酬经理对现有奖金体系的诊断分析，通常存在两种可能的情况：一是局部要素的诊断分析，二是整体奖金体系的诊断分析。这就像我们去医院做检查，平时出现头疼脑热等常见症状，一般采取局部检查就能解决问题；而在进行年度体检的时候，往往需要综合各个局部的情况进行全面诊断。

薪酬经理可以制作一个要素诊断分析的检查表，列举出所有要素内容，然后进行自检，把需要调整的地方以及相关可能会进行关联调整的地方列举出来，形成类似表 4-6 的奖金体系诊断自检表。

表 4-6　奖金体系诊断自检表

要素 "P"	当前状况是否清晰	是否需要调整	要素 "M"	当前状况是否清晰	是否需要调整	要素 "T"	当前状况是否清晰	是否需要调整
奖金哲学	是 / 否	是 / 否	衡量指标	是 / 否	是 / 否	奖金类型	是 / 否	是 / 否
适用人群	是 / 否	是 / 否	激励上限	是 / 否	是 / 否	激励目标	是 / 否	是 / 否
薪酬结构	是 / 否	是 / 否	激励机制	是 / 否	是 / 否	支付周期	是 / 否	是 / 否
市场定位	是 / 否	是 / 否	计算方式	是 / 否	是 / 否	事务管理	是 / 否	是 / 否

4.2.1　局部要素的诊断分析

针对某一个或几个奖金要素进行局部诊断分析的时候，薪酬经理首先要澄清本次诊断分析的主要方向和目的，然后将其转化为薪酬福利的语言。奖金管理属于薪酬福利管理的一个分支。纵观所有薪酬福利管理工作，在涉及一些方案诊断分析的时候，往往需要大量数据分析作为支持，奖金管理也不例外。总体来说，奖金要素诊断一般可以总结为图 4-1 所示的流程。

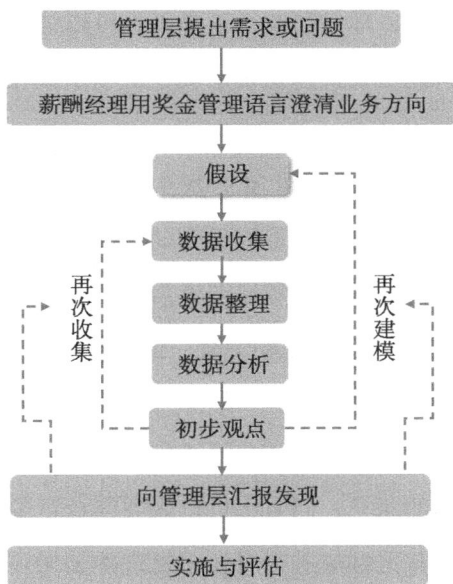

图 4-1　奖金要素诊断分析流程

对于现有奖金体系中存在的问题，一般都是管理层首先提出，或者直接指出他们认为需要改进和调整的地方。例如，他们可能会说："咱们奖金的激励力度不够呀，你们（人力资源部）需要调整一下""奖金发放频率明显太慢了，员工激励性不足呀"等。对于薪酬经理来说，这时需要把管理层的想法转化为奖金管理的"语言"。例如，是薪酬的固浮比不够？还是奖金的最高上限不够？或是发放的差异度不够？还是发放的频率需要提高？等等。具体而言，就是澄清管理层的期望。

有时管理层的期望能够立刻明确下来。例如，他们说："奖金发放频率有点慢，你们研究一下是不是可以加快奖金的发放频率？"这样说就能够被快速识别出属于奖金发放频率的要素。有时管理层的期望并不能立刻确定下来。例如，他们说："需要加强奖金的激励力度。"这个就属于涉及若干要素的问题。由于领导并不是薪酬管理的专家，他们看到的也许仅仅是若干要素表现出来的结果。因此，人力资源专业者需要从基本要素入手进行分析和测算。"能够加强奖金激励力度"的要素涉及很多内容，如固浮比的增加、激励上限的调整、计算方式的变化等。薪酬经理一方面可以和领导继续沟通交流、澄清问题；另一方面，则需要征求一线业务经理的意见，同时也可以观察同业竞争者的做法，通过与外部市场的常见做法进行对比来发现本公司还有哪些可以改善之处。

假如管理层的期望并不能明确下来，薪酬经理也可以根据目前能够明确的要素设立某个"假设"，然后通过当前的信息分析来验证这样的假设。通过数据来验证假设的工作，确实是在考验薪酬管理从业者的专业分析水平。而且，这个阶段往往是最耗时、最枯燥的阶段。

（1）数据收集——数据的收集内容通常包括员工基本信息（姓名、员工号、部门、入职日期、职位层级、职位名称等）、员工基本薪酬信息（基本月薪、目标奖金、各种津贴、补贴等）、员工实际发放薪酬信息（实发月薪、实发奖金等）。在数据收集阶段，薪酬经理往往会利用 Excel 这个工具。需要注意的是，对于原始数据的收集，多采用一维表的形式，然后利用 Excel 的技巧，把原始的一维表进行"拼接"。

表 4-7 列举的是员工若干月的工资表格，这些表格中每一行的内容都具有同样的属性。

表 4-7　一维表举例

1 月工资信息

姓名	员工号	性别	部门	级别	基本月薪（元）	奖金（元）	1 月实发奖金（元）
张三	123	男	财务部	3	12,000	6,000	6,200
李四	234	女	……	…	…	…	…
……	……	……	……	…	…	…	…

2 月工资信息

姓名	员工号	性别	部门	级别	基本月薪（元）	奖金（元）	2 月实发奖金（元）
张四	123	男	财务部	3	12,000	6,000	5,800
李四	234	女	……	…	…	…	…
……	……	……	……	…	…	…	…

（2）数据整理——数据整理的质量对于下一阶段的数据分析工作至关重要。很多从业者喜欢称其为"洗数"。在这个阶段，薪酬经理首先需要做的事情就是观察、判断系统导出的数据，或

者其他来源获得数据的各种属性。当然，最好是数值类型的数据，以便日后开展计算分析。同时，看一下数据之中是否有一些乱码需要清除。

其次，把相关的数据拼接起来。这里可以利用 Excel 的函数（常见的 vlookup、index、match 等公式）、各种功能（Excel 里的数据"合并计算""分列""删除重复值"等功能）来拼接。

最后，需要判断有些数据是否能够采用。例如，薪酬专员经常会计算员工的年度总收入。但是，当把员工 12 个月的薪酬信息拼接起来之后，薪酬专员就会发现在一年中的某些月份有人员离开或加入的情况。这些不足一年的薪酬信息，是否需要按照 12 个月来折算？还是直接删除？此时，薪酬专员需要根据实际情况做出选择。一般来说，如果这种"非常规"数据量在总体样本中的占比不大，就可以删除；如果加入或离开的员工人数较多，对数据的分析会产生影响，就需要考虑折算了。

（3）数据分析——对整理之后的数据进行分析。在使用 Excel 表格时，薪酬专员用得比较多的就是数据透视表的功能，还可以利用数据分析的功能（该功能需要从 Excel 高级选项中调出来）来分析数据之间的统计关系。在此需要注意的一点就是：数据分析的目的是用来验证最初的某个假设，或者为最初的想法提供一些数据上的支持，并非是让薪酬从业者陷入无尽的数据分析工作之中。毕竟，对于任何一家公司的薪酬数据来说，可以分析的内容实在是太多了，千万不要为了分析而分析。

（4）初步观点——有了数据分析提供的数据结果，就可以形成初步观点。相比在分析之前提出的假设，这时形成的初步观点已经具备一定的数据分析基础，因此显得更有说服力。当然，在薪酬从业者形成初步观点的时候，也可能会发现现有的数据显示出了原来没有想到的新问题、新假设，而这会引发薪酬从业者继续建立假设，或者继续进一步收集和分析相关数据。

带着这些得到强大数据支持的观点，薪酬从业者就可以向管理层展示自己的专业建议了。在准备展示文件之前，还有一个特别重要的环节（或者说一个汇报模型），图 4-2 提醒薪酬经理：在向管理层汇报观点的时候，一定要做足、做好这个"盒子"的六个面的"功课"。

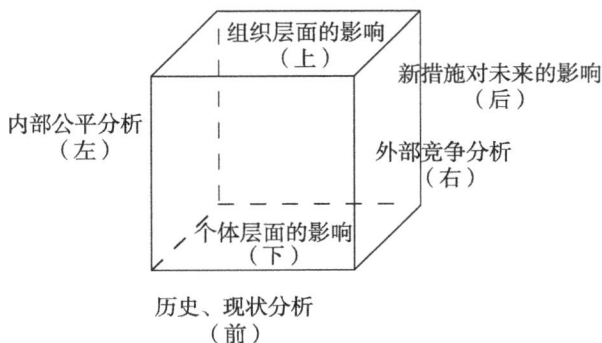

图 4-2　向管理层展示观点时的"盒子"模型

（1）历史、现状分析。一般来说，薪酬经理会分析公司目前的薪酬状况或者过往若干年的实际运行情况，并且把分析结果呈现给管理层。

（2）新措施对未来的影响。薪酬经理需要展示给管理层的不仅是数据分析带来的影响，而且包括其对员工士气、组织文化等方面的影响。

（3）内部公平分析。一般这样的分析既包括进行历史和现状数据分析的时候是否能够看到某项要素对内部公平的影响，也要包括进行相应调整时对于内部公平性的影响。

（4）外部竞争分析。类似于内部公平分析，在进行数据分析及观点呈现的时候，还要体现出公司的外部竞争状况。

（5）组织层面的影响。涉及奖金管理的内容，往往任何一点的调整都会给组织层面带来财务成本或管理成本上的影响。对组织层面影响的分析，可以是对全公司的成本影响，也可以根据不同部门、分（子）公司、团队来进行分析。为此，要清晰地让管理层明白这样调整的后果是什么，从而为他们做出管理决策提供良好基础。

（6）个体层面的影响。奖金管理要素的调整，宏观上影响公司的成本，微观上会影响不同人群的收入。一般来说，对于个体层面的影响主要是通过分析不同状况的员工来体现。例如，不同业绩（高绩效还是低绩效）、不同职能（销售还是研发），甚至不同服务年限、不同层级员工的影响。

当然，这六个维度的"盒子"模型并不需要在一次展示文件中全部体现出来，薪酬经理可以把某些维度合并在一起考虑。例如，在进行历史、现状分析的时候，就可以显示出来内部公平和外部竞争分析的情况；在针对某个要素对员工个体影响的时候，也可以做一个内部公平或外部竞争分析。

接下来，我们用案例分析的形式，把枯燥的理论模型变得更容易应用于实践。

【案例分析 1】　取消"第 13 月奖金"的两种方法

在某公司的薪酬结构中，多年来一直存在"第 13 月奖金"（年底双薪）的情况。公司会根据员工当年的出勤天数，在 12 月份发放这笔奖金。具体来讲，新员工会根据第一年在岗天数进行折算；现有员工如果有累加超过一个月的无薪假期，就会根据实际在岗天数折算。

当前公司管理层认为"第 13 月奖金"仅仅和工作日的时间长短相关联，没有体现出公司付薪的绩效导向原则。因此，管理层督促人力资源部进行奖金结构改革，取消"第 13 月奖金"。

目前该公司每位员工的薪酬结构为：

员工年度目标总收入 = 基本月薪 ×12+ 年度目标奖金 + 第 13 月奖金

其中，公司向员工按月发放基本月薪，全年共发放 12 次；奖金是指年度奖金，每年发放一次；每年发放一次第 13 月奖金。

年度目标奖金 = 基本月薪 ×12× 奖金比例

奖金体系设计（图解版）

公司内部的层级划分为 1~6 级：1 级为初级员工，6 级为公司最高级别管理者，不同级别人员的奖金比例不同，具体如表 4-8 所示。

表 4-8　某公司奖金比例表

员工级别	奖金是基本月薪的比例
1/2/3	10%
4/5/6	20%

下面，以该公司一名工程师的工资为例说明该变化的影响。

假设该工程师的基本月薪是 18,000 元，该员工属于 2 级人员，那么他的目标奖金就是基本月薪的 10%。

该工程师年度目标总收入 =18,000×12+18,000×12×10%+18,000= 255,600（元）。

该公司推行绩效考评制度。根据员工的工作情况，上级经理会做出相应的评价。评价的结果采用 1 ~ 5 分的级别来表示。其中，1 分属于业绩不达标，5 分属于业绩卓越。同时，公司会将这个绩效结果和员工的目标奖金发放比例相关联。具体关联情况如表 4-9 所示。

表 4-9　员工年度奖金的发放与工作绩效结果关联

员工绩效结果	奖金发放比例
5（业绩卓越）	200%
4（业绩优异）	150%
3（业绩正常）	100%

员工绩效结果	奖金发放比例
2（部分达标）	50%
1（业绩不达标）	0

仍然以前文这位工程师为例。如果该员工某年度的绩效考核结果为 4 分（业绩优异），那么他实际拿到的奖金将是目标奖金的 150%。

该工程师年度实际总收入=18,000×12+18,000×12×10%×150%+18,000=266,400（元）。

（1）明确需求，建立假设

在这个案例中，薪酬经理通过与公司管理层交流，明确管理层的期望就是取消第 13 月奖金，公司奖金中的其他要素不用调整。从这个需求看，薪酬经理似乎暂时不用考虑 PMT 模型中的其他因素。因此，薪酬经理要先把管理层的需求转化为奖金管理的"语言"。

第 13 月奖金是固定奖金，是员工年度总收入的一部分。因此，取消第 13 月奖金属于薪酬结构上的调整。但是，如果直接把这笔钱取消，就会对员工带来较大的负面影响。因此，薪酬经理必须要把这笔钱转化到年度总收入的其他地方。表 4-10 所示的两种方法可以探讨。

表 4-10　取消第 13 月奖金的思路汇总

方法	具体做法	利弊分析	后续分析
直接拆分	计算第 13 月奖金的 1/12，放入员工每月的基本月薪中	✓ 好处：方便理解，容易沟通 ✓ 弊端：员工的基本月薪实际上增长了 1/12，带来了目标奖金的同比增加，最终员工的年度总收入也会增加	需要测算一下员工、公司总体的薪酬变化，并且由于总收入的变化，可能带来奖金哲学的调整
折算拆分	把第 13 月奖金按照比例分别拆分给基本月薪和目标奖金	✓ 好处：员工总收入不变 ✓ 弊端：不容易理解，沟通难度大	需要测算一下员工基本月薪的变化

　　对第 13 月奖金的不同拆分办法及解决思路，如图 4-3 所示。

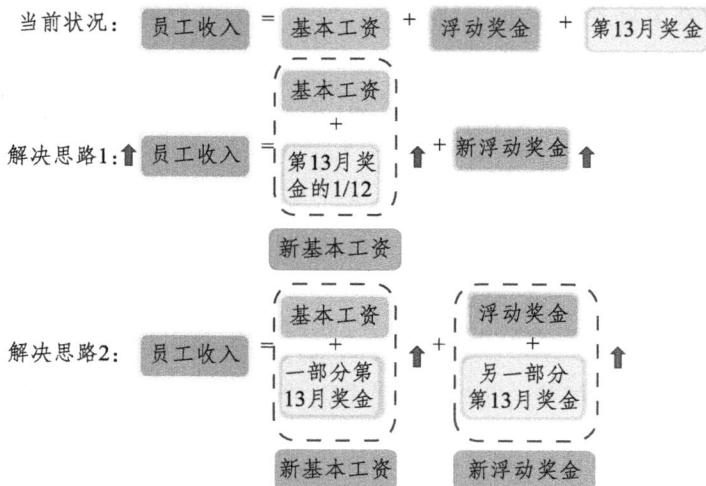

图 4-3　奖金调整的不同做法

现在，薪酬经理已经清楚了管理层的需求，也用奖金管理的语言澄清了问题，并且提出了两个假设的做法。

下面，薪酬经理需要用员工数据来验证、支持自己的假设。从这家公司的薪酬结构中，我们发现其薪酬管理比较规范和统一。浮动奖金和员工基本月薪都有一定的比例关系，实际奖金的发放和员工的业绩考核之间也是明确关联的。因此，薪酬经理有两种做法可以选择：第一种是直接用员工的实际工资来测算；第二种是利用数学公式的推导来测算。

结合数据分析的"盒子"模型，薪酬经理需要分析出每一种做法带给公司和员工的影响。这种影响还可以划分为：对员工的"目标"和"实际"收入的影响；对公司的"目标"和"实际"成本的影响。我们将两种方法的影响汇总在表4-11中。

表 4-11　需要分析的要素维度

方法	具体做法	对员工的影响	对公司的影响
直接拆分	计算第13月奖金的1/12，放在员工每月的基本月薪中	✓目标收入：基本月薪会增加，年度总收入会增加 ✓实际收入：新的浮动奖金会调整，造成不同业绩考核结果的员工的年度实际收入变化会不一样	✓目标成本：和员工目标收入的增长同步 ✓实际成本：不同业绩考核结果的员工收入变化不同，用该差距乘以不同业绩考核结果员工的人数，预测公司实际成本的变化

（续表）

方法	具体做法	对员工的影响	对公司的影响
折算拆分	把第13月奖金按照比例分别拆分给基本月薪和目标奖金	✓目标收入：基本月薪会增加，年度总收入不变 ✓实际收入：新的浮动奖金会调整，造成不同业绩考核结果的员工的年度实际收入变化会不一样	✓目标成本：不变 ✓实际成本：不同业绩考核结果的员工收入变化不同，用该差距乘以不同业绩考核结果员工的人数，预测公司实际成本的变化

（2）数据分析，验证、支持假设

如果直接用员工工资报表进行测算，薪酬经理需要收集的员工信息至少应该包括以下内容：基本月薪、员工在上一个年度的业绩考核分数、实际奖金、年度实际总收入、奖金比例、员工级别。有了这些基本信息，薪酬经理就可以根据两种假设的办法来分别进行测算。这种方法相对比较简单，在此不再赘述。

本书给大家介绍的是，可以利用数学推导的办法来模拟测算本案例中需要的数据结果。

在两种做法中，第一种（直接拆分）做法是把第13月奖金直接除以12，然后加到员工每月的基本月薪之中。由于奖金比例保持不变，会造成员工年度总收入增加的情况。该公司员工的奖金比例有10%和20%两种情况，在此仅用10%来做示范，具体如图4-4所示。

	基本月薪	第13月奖金	奖金比例	年度目标总收入
当前结构：	Y	有	10%	$Y \times (1+10\%) \times 12 + \$Y$

	基本月薪	第13月奖金	奖金比例	年度目标总收入
直接拆分：	$Y+(1/12) \times \$Y$	-	10%	$(Y+(1/12) \times \$Y) \times (1+10\%) \times 12$

	基本月薪	第13月奖金	奖金比例	年度目标总收入
增加：	8.33%	-	-	0.7%

图 4-4　员工薪酬变化的影响

通过图 4-4 的分析能够看到，员工的基本月薪增加了 8.33%，年度目标总收入增加了 0.7%。这个结果就是员工的目标收入情况。结合业绩考核结果，不同员工的实际收入就会因为业绩结果的不同而不同。套用图 4-5 所示的方法，薪酬经理可以得出以下结果，具体如表 4-12 所示。

表 4-12　员工薪酬变化情况

不同奖金比例	基本月薪的增加	目标年度总收入增加	不同业绩考核下的实际年度总收入增加
奖金是基本月薪的 10%	8.33%	0.7%	业绩考核 1：没变化 业绩考核 2：0.37% 业绩考核 3：0.7% 业绩考核 4：1.0% 业绩考核 5：1.3%

奖金体系设计（图解版）

（续表）

不同奖金比例	基本月薪的增加	目标年度总收入增加	不同业绩考核下的实际年度总收入增加
奖金是基本月薪的20%	8.33%	1.3%	业绩考核1：没变化 业绩考核2：0.7% 业绩考核3：1.3% 业绩考核4：1.8% 业绩考核5：2.2%

上面计算出来的是每一位员工工资的变化情况，包括基本月薪的变化、年度目标总收入的变化，以及不同业绩考核结果下的员工实际总收入的变化。据此，薪酬经理只需要知道不同情况员工的比例分布，就能测算出公司总体工资成本的支出变化。

根据去年员工实际的业绩考核情况可知，员工人数比例分布如表4-13所示。

表4-13　不同情况员工人数比例分布

奖金比例	人数比例	不同业绩结果人数比例
奖金是基本月薪的10%	75%	业绩考核1：1% 业绩考核2：4% 业绩考核3：50% 业绩考核4：15% 业绩考核5：5%
奖金是基本月薪的20%	25%	业绩考核1：1% 业绩考核2：1% 业绩考核3：20% 业绩考核4：2% 业绩考核5：1%

公司总成本的变化情况，就是根据每一类员工工资的变化乘以相应的人数比例，再进行累加。

① 每一位员工的基本月薪都增加了 8.33%，所以，公司每月基本月薪的总成本增加 8.33%。

② 公司目标年度总成本增加的计算，需要考虑奖金比例 10% 的员工占比 75%（他们的目标收入增长 0.7%）和奖金比例 20% 的员工占比 25%（他们的目标收入增长 1.3%），那么公司目标年度总成本增长为 0.85%。

$$75\% \times 0.7\% + 25\% \times 1.3\% = 0.85\%$$

③ 如果上一个年度公司已经推广实施该计划，那么公司实际支付工资成本的变化就是不同业绩结果下的员工比例乘以该类员工实际总收入的变化，然后累加，具体如表 4-14 所示。

$$1\% \times 0\% + 4\% \times 0.37\% + 50\% \times 0.7\% + \cdots\cdots + 2\% \times 1.8\% + 1\% \times 2.2\% = 0.9\%$$

表 4-14　不同业绩结果员工工资变化与人数比例

奖金比例	人数比例	实际年度总收入增加
奖金是基本月薪的 10%	业绩考核 1：1% 业绩考核 2：4% 业绩考核 3：50% 业绩考核 4：15% 业绩考核 5：5%	业绩考核 1：没变化 业绩考核 2：0.37% 业绩考核 3：0.7% 业绩考核 4：1.0% 业绩考核 5：1.3%
奖金是基本月薪的 20%	业绩考核 1：1% 业绩考核 2：1% 业绩考核 3：20% 业绩考核 4：2% 业绩考核 5：1%	业绩考核 1：没变化 业绩考核 2：0.7% 业绩考核 3：1.3% 业绩考核 4：1.8% 业绩考核 5：2.2%

（3）总结发现，提出观点

至此，如果把第 13 月奖金直接除以 12 放在每月的基本月薪里，其对员工和公司的影响如表 4-15 所示。

表 4-15　直接拆分第 13 月奖金带来的影响

	奖金是基本月薪 10% 的员工	奖金是基本月薪 20% 的员工
员工基本月薪的增加	8.33%	8.33%
员工目标年度总收入增加	0.70%	1.30%
员工实际年度总收入增加	业绩考核 1：没变化 业绩考核 2：0.37% 业绩考核 3：0.7% 业绩考核 4：1.0% 业绩考核 5：1.3%	业绩考核 1：没变化 业绩考核 2：0.7% 业绩考核 3：1.3% 业绩考核 4：1.8% 业绩考核 5：2.2%
公司月度总薪酬支付增加	8.33%	
公司年度目标总成本增加	0.85%	
模拟去年公司实际成本增加	0.90%	

对员工来说，取消第 13 月奖金之后，每月的现金流增加了 8.33%；由于奖金比例不同，目标年度总收入分别增加了 0.7% 和 1.3%，高业绩考核结果的员工收入增加更加明显；对公司来说，每月财务预算工资总成本提高了 8.33%，年度预计工资总成本增加了 0.85%，如果公司在去年就实施了这样的制度，那么公司总工资成本会增加 0.9%。

回到本案例的假设环节，我们还有另外一个假设：折算拆分——把第 13 月奖金取消，但是按照一定比例分配给基本月薪和目标奖金，确保员工年度总收入不变。为节省篇幅，下面仅把结果展示给大家。感兴趣的朋友可以参照第一种假设的做法自己计算一下。

采用图 4-4 的模式，假设员工基本月薪为 Y，用折算拆分的办法把相关影响列举在表 4-16 中。

表 4-16　折算拆分第 13 月奖金带来的影响

	奖金是基本月薪 10% 的员工	奖金是基本月薪 20% 的员工
当前年度目标总现金	$Y \times 12 + Y \times 10\% \times 12 + Y = 14.2Y$	$Y \times 12 + Y \times 20\% \times 12 + Y = 15.4Y$
年度新基本月薪	$14.2Y \times 10/(10+1) = 12.91Y$	$15.4Y \times 10/(10+2) = 12.83Y$
基本月薪增加	$12.91Y/12Y = 7.58\%$	$12.83Y/12Y = 6.94\%$
新目标奖金	$12.91Y \times 10\% = 1.29Y$	$12.83Y \times 20\% = 2.57Y$
目标奖金增加	$1.29Y/(10\%Y \times 12) = 7.58\%$	$2.57Y/(20\%Y \times 12) = 6.94\%$
员工实际年度总收入变化	业绩考核 1：−0.7% 业绩考核 2：−0.3% 业绩考核 3：0.0% 业绩考核 4：0.3% 业绩考核 5：0.6%	业绩考核 1：−1.3% 业绩考核 2：−0.6% 业绩考核 3：0.0% 业绩考核 4：0.5% 业绩考核 5：0.96%
公司月度总薪酬支付增加	7.42%	
公司年度目标总成本增加	没有变化	
模拟去年公司实际成本增加	0.057%	

两种不同方法带来的影响汇总在一起（如表 4-17 所示），所

有信息一目了然。如果管理层希望控制总成本，并且希望给予低业绩员工一定的"惩罚"，肯定是优先选择"折算拆分"的方法。但是，该方法对高绩效员工的激励作用不如直接拆分大，同时，薪酬经理在向员工进行沟通解释时有点困难。

表 4-17　两种假设做法的不同影响

方法	具体做法	对员工的影响	对公司的影响
直接拆分	计算第 13 月奖金的 1/12，放在员工每月的基本月薪中	✓ 目标收入：基本月薪会增加 8.33%，年度目标总收入会分别增加 0.7% 和 1.3% ✓ 实际收入：除非业绩考核为 1，其他员工总收入都会有不同程度的增长，增长幅度随业绩考核结果的提高而提高	✓ 目标成本：每月工资总额增长 8.33%，年度目标总收入增长 0.85% ✓ 实际成本：年度总成本增加 0.9%
折算拆分	把第 13 月奖金按照比例分别拆分给基本月薪和目标奖金	✓ 目标收入：基本月薪会增加 7.58% 和 6.94%，年度总收入不变 ✓ 实际收入：业绩考核低于 3 分，实现负增长；超过 3 分，实现正增长	✓ 目标成本：每月工资总额增长 7.42%，年度目标总收入不变 ✓ 实际成本：年度总成本增加 0.057%

【案例启发 1】　调整奖金的前提是不影响公司的市场定位

本案例属于管理层需求明确，薪酬经理可以直接在PMT 模型中找到相关要素的情况。即便如此，薪酬经理还是需要向管理层提出，是否涉及调整"奖金哲学"的问题。具体来说，就是会不会因为员工薪酬调整造成市场定位的调整。当然，在本案例的分析中，大家可以看到，不论采用哪种方法，其实对本公司工资总的市场定位影响不大。如果出现影响较大的情况，就需要特别分析一下外部竞争环境。

【案例分析 2】　提高奖金比例，让奖金发挥激励作用

继续讲述案例分析 1 中公司的故事。

公司管理层对薪酬经理提出的方案进行了讨论，最后采纳了"折算拆分"的做法，由此顺利取消了第 13 月奖金，杜绝了靠出勤"混日子"就可以获得固定奖金的情况，公司的付薪机制更加注重业绩导向。这样的机制运行了若干年之后，公司管理层仍然觉得需要促进形成绩效奖金文化，鼓励员工更加重视业绩奖金对

收入的影响。

为此，管理层希望提高现有奖金比例。同时，为了更加便于统一管理，管理层还希望把不同奖金结构的模式统一调整为单一的结构。

针对这个情况，公司薪酬经理和管理层做了深入沟通。实际上，管理层并没有十分明确的想法，如奖金比例具体增加到多少。另外，在是否统一奖金的比例构成方面，管理层也没有定论，需要听取薪酬管理专家的意见。

（1）明确需求，建立假设

管理层提出的需求非常明确——让员工重视浮动奖金对收入的影响。从直观上判断，大家最容易想到的就是增加浮动奖金的比例，这是没问题的。但是，作为人力资源管理的专业人士，我们在思考这个问题的时候，不能局限在增加浮动奖金比例、统一调整固浮比上，而要拓展思路——是不是还有别的要素可以满足管理层的需求呢？

薪酬经理可以把自检表（如表4-18所示）里的相关要素抽取出来，并且按照工作的先后排序，形成一个较为完整的工作框架。

① 市场定位。和外部市场薪酬水平进行比较，例如，员工的年度基本月薪、年度目标总收入、年度实际收入、固浮比……

② 薪酬结构。是否可以直接调整固浮比？还是适当提高浮动奖金的比例，但是仍然保留不同级别的划分标准？

③ 激励上限。目前的奖金激励上限为目标奖金的200%，是否可以适当提高？例如，把目前奖金支付的150%和200%分别提高到200%和300%。这样做可以激励员工努力工作，获得高绩效，从而获得高额奖金。但是，由于公司需要控制业绩考核分数的总体分布情况，其结果一定是有限的员工能够获得更高的奖金。因此，激励的范围不大。

④ 支付周期。如果想让员工更加重视奖金，可以把年度奖金调整为季度或月度奖金，从而发挥奖金"及时奖励"的作用。

表4-18　PMT模型自检表

类别	要素	可能的调整内容、方向以及会存在的潜在问题
P	奖金哲学	增加浮动奖金的影响 尚不清楚管理层是否希望增加总成本，即是否同意给员工适当涨薪，或者提高员工的目标奖金
	适用人群	适用于全体员工的调整 尚不清楚是否全体员工都调整为一样的奖金结构，还是重新划分奖金结构的人群（需要人力资源部给予建议）
	薪酬结构	改变固浮比可以达成目标
	市场定位	如果员工总体薪酬水平低于市场，可以通过调整工资让员工重视浮动奖金 如果员工总体薪酬水平等于甚至高于市场水平，就要慎重提高工资水平，需要审视激励上限等要素
M	衡量指标	调整衡量指标不能实现本目标
	激励上限	提高激励上限，可以部分达成目标
	激励机制	调整激励机制不能实现本目标
	计算方式	调整计算方式不能实现本目标

（续表）

类别	要素	可能的调整内容、方向以及会存在的潜在问题
T	奖金类型	调整奖金类型不能实现本目标
	激励目标	调整激励目标不能实现本目标
	支付周期	如果把奖金发放频率从年度发放调整为季度或月度发放，有可能达成目标 但是，也有可能在提高员工的激励性的同时降低保留员工的作用
	事务管理	调整行政管理要素不能实现本目标

（2）数据分析，验证、支持假设

① 薪酬经理把本公司员工的薪酬水平和外部市场薪酬数据进行比较之后，发现本公司员工的薪酬总体水平和外部市场相当，固浮比也和外部市场基本一致。因此，员工总体薪酬水平上调的空间很有限，可以适当调整固浮比，但是需要测算一下需要的成本。

② 测算一下如果调整不同情形的固浮比将会产生什么结果。当前员工薪酬固浮比存在两种形式：1～3级别的员工，其目标奖金是基本月薪的10%（固浮比10∶1）；4～6级别的员工，其目标奖金是基本月薪的20%（10∶2）。为了让大家看清楚，我们以固浮比调整为7∶3来举例。那么就会产生以下几个假设的情景：

员工年度目标总收入不变，直接按照7∶3切分年度目标总收入为固定收入和浮动奖金；

保持员工基本月薪不变，加大目标奖金的比例，形成 7∶3 的固浮比；

保持员工基本月薪不变，1～3 级员工调整为 8∶2，4～6 级员工调整为 7∶3。

接下来，我们用员工工资信息进行测算的方法来演示一下。

先准备一份如表 4-19 所示的员工工资信息表。

表 4-19　员工工资信息表

职位名称	级别	部门	基本月薪（元）	年度目标奖金（元）	年度业绩考核	年度实际奖金（元）	年度总基本月薪（元）	年度目标总收入（元）
客户工程师	4	技术部	14,432	34,637	2	17,318	173,183	207,820
高级技术经理	6	技术部	35,413	84,990	2	42,495	424,952	509,942
技术工程师	3	技术部	9,381	11,258	2	5,629	112,575	123,833
解决方案经理	5	技术部	25,355	60,852	1	0	304,260	365,112
技术工程师	3	技术部	9,817	11,780	3	11,780	117,801	129,581
……	…	……	…	…	…	…	…	…
……	…	……	…	…	…	…	…	…

然后，在工资表中实际测算三个假设结论，得到表 4-20 所示的三种不同情况下不同级别员工薪酬的变化情况。

表 4-20　不同假设情形下的结果比例

（a）员工年度目标总收入不变，按照 7∶3 的比例将年度目标总收入切分为固定收入和浮动奖金

级别	基本月薪　新:旧	目标奖金　新:旧	实际奖金　新:旧
1/2/3	77%	330%	330%
4/5/6	84%	180%	180%
小计	82.0%	222.5%	224.4%

（b）保持员工基本月薪不变，加大目标奖金的比例，形成 7∶3 的固浮比

级别	年度总收入　新:旧	目标奖金　新:旧	实际奖金　新:旧
1/2/3	130%	429%	429%
4/5/6	119%	214%	214%
小计	122.1%	274.9%	277.7%

（c）保持员工基本月薪不变，将 1~3 级员工调整为 8∶2，将 4~6 级员工调整为 7∶3

级别	年度总收入　新:旧	目标奖金　新:旧	实际奖金　新:旧
1/2/3	114%	250%	250%
4/5/6	119%	214%	214%
小计	117.5%	224.4%	224.9%

　　细心的读者可能会发现，正如表 4-20 所示，员工新旧目标奖金的比例和新旧实际奖金的比例基本相同，但是为什么小计的时候就会不同呢？主要原因在于：在计算实际奖金的时候，薪酬经理需要根据不同员工的不同业绩结果来测算，因为业绩结果为 1 分的员工，其实际奖金是零，因此不论在新体系还是旧体系中，他们的奖金是没有变化的，这就造成实际奖金的变化"似乎"高于目标奖金的变化，在小计这个栏目中就会看出不同。实际上，

由于小数位的取值原因，在每一个级别的总结汇总中，两者的数字都是有差别的。

（3）总结发现，提出观点

为达成管理层的需求，薪酬经理进行了以下测算和假设，现总结如下。

① 因为公司员工当前总体薪酬水平状况和外部市场比较接近，所以员工薪酬总量上浮的可能性不大。

② 当前公司固浮比的情况比较接近外部市场的水平，可以进行微调。

③ 可以调整奖金支付上限，但是影响人群仅仅是业绩考核结果为 4~5 分的员工。

④ 如果仅仅调整固浮比，就可以有以下三种做法。

第一种做法，员工基本月薪都会下降，但是奖金的激励作用很强，特别是对于 1~3 级员工的激励作用很强；

第二种和第三种做法，公司总工资成本上升。相较而言，第三种做法比较"温和"。公司总成本会提高 17.5%。

因此，公司的奖金比例结果暂时不进行统一调整。如果采用第三种做法，可以结合公司年度薪酬调整来进行。

> 💡 **【案例启发 2 】　充分利用 PMT 模型中的要素调整奖金比例**
>
> 　　该案例说明，面对管理层需求，人力资源管理从业者需要利用 PMT 模型的自检表逐一审视可以进行调整的要素，并且参考若干种可能性，在测算工作上根据其轻重缓急进行排序。最后，或利用员工薪酬数据，或利用数学公式推导，得出相关的数据结果，以此支持、验证假设，从而得出符合管理层需求的建议。

4.2.2　整体体系的诊断分析

　　相比奖金体系的局部诊断分析，对于整体框架的诊断分析工作更加复杂，涉及的领域也会更加广泛。通常这样的工作都是要通过成立项目组的形式来完成的。当然，这种项目组也可以引入外部咨询公司的资源来协助完成，具体如图 4-5 所示。

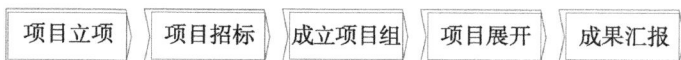

| 项目立项 | 项目招标 | 成立项目组 | 项目展开 | 成果汇报 |

图 4-5　整体体系诊断项目组工作流程

　　针对奖金管理体系的整体诊断分析工作并不经常发生。接下

来，我们用一家公司针对销售人员奖金激励体系进行诊断的案例
展开说明。

【案例分析】 某公司对销售人员奖金激励体系进行诊断

　　某跨国公司从事大型成套设备的生产销售工作，该公司针对
销售人员的奖金激励体系已经运行了十多年，销售总监认为目前
的激励体系已不具备激励和保留人员的作用。为此，公司管理层
希望人力资源部能够适时改进销售奖金激励体系。在调整改进现
有体系之前，管理层希望针对目前的体系开展完整的诊断工作，
最好能够获得外部其他公司的信息，用来判断本公司的做法是否
能够"与时俱进"。因此，管理层决定与适合的外部咨询公司合
作完成该项目。

　　项目开展之初，人力资源部需要从人、财、事这几个方面做
好功课。

　　（1）"人"的方面，需要明确本次项目涉及人员的范围，其
中最重要的是获得公司高管层的支持。为了保证项目的顺利进
行，人力资源部、市场部或销售部、财务部都需要积极参与。因
此，有必要成立一个项目小组来统一协调项目进展。

　　项目小组各个部分的主要职能如下（如图 4-6 所示）。

　　① 公司管理层。整体项目的规划、预算、进展、费用的使用

等都需要管理层的审批。

② 项目办公室统一协调各个部门的工作，确保项目顺利推进。

③ 人力资源部制订项目计划，推动项目进行，确保项目执行内容符合劳动人事法规；或确定外部顾问资源，与顾问一起制订项目计划，推进项目进展。

④ 相关业务部门是指销售激励涉及的业务部门，如销售部、市场部等。他们需要加入项目组，负责澄清公司产品的特性，提供必要的销售信息支持。

⑤ 财务部主要负责从公司的财务管理方面提供数据支持。

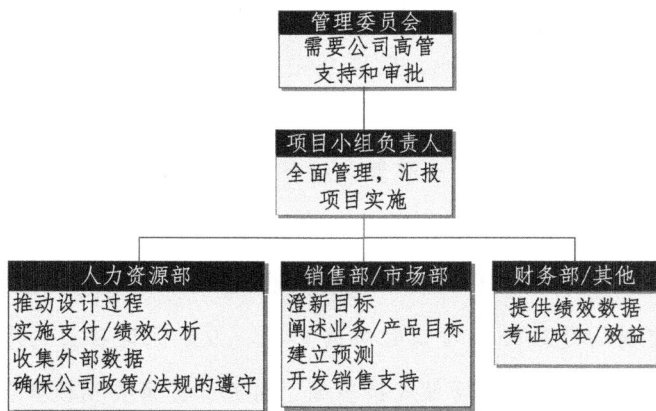

图 4-6　项目小组的构成

（2）"财"的方面，人力资源部需要提前和管理层约定项目的预期费用，这样才能决定是引入外部咨询顾问还是公司内部解决。

（3）"事"的方面主要是项目计划的制订。开展本项目的主要目的就是诊断分析当前销售人员奖金激励体系，将最终的诊断结果向管理层汇报，由管理层决定是否需要进一步的优化。因此，该项目主要的工作流程就是围绕着 PMT 模型中的所有要素，进行内部信息和外部信息的收集与比较，发现当前体系的优势、劣势，提出解决思路。

项目总体工作流程如图 4-7 所示。

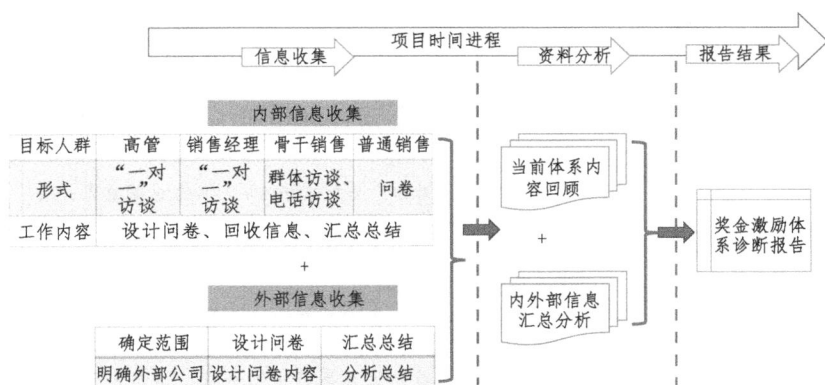

图 4-7　奖金体系诊断流程图

（1）第一阶段：信息收集阶段

信息收集阶段需要解决的问题是：收集什么信息？向谁收集？如何收集？

因为引进了外部咨询公司加入整体项目，所以人力资源部可以借助第三方力量广泛收集公司以外的更多信息。这样一来，就

奖金体系设计（图解版）

会拓宽项目的整体思路——人力资源部的视野不能局限于公司内部的诊断，而要把外部其他公司的管理实践作为参考依据。

所谓信息收集，就是以 PMT 模型中的各个要素为主线，根据不同目标对象来收集必要信息。为此，人力资源部要设计针对不同收集对象的问卷。表 4-21 展示了相关信息收集的主要目的、形式和内容。

表 4-21　信息收集的主要目的、形式和内容

渠道	收集对象	主要目的、形式、内容
内部	管理层、销售总监	目的：从战略高度收集信息 形式："一对一"访谈（60～90 分钟） 主要内容： ✓ 公司总体战略：例如，公司未来 1～2 年的业务重点；公司未来三年的战略有哪些变化…… ✓ 销售战略：例如，公司未来 1～2 年的销售战略侧重点；销售激励手段是否支持销售战略…… ✓ 组织结构：例如，销售人员是否清楚自身的职责；不同销售模块之间是否有职能的冲突、重叠…… ✓ 计划执行：销售激励体系是否能够执行；销售人员是否知晓销售激励体系……
	销售骨干	目的：从销售执行的角度收集信息 形式："一对一"访谈（30～60 分钟） 主要内容： ✓ 销售战略：例如，是否清楚销售战略；销售激励手段是否支持销售战略…… ✓ 组织结构：例如，自身职责是否清晰；销售激励体系是否与不同销售人员的工作相关联…… ✓ 计划执行：销售人员是否知晓销售激励体系；当前销售激励体系存在的优势、劣势……

（续表）

渠道	收集对象	主要目的、形式、内容
内部	基层销售人员	目的：从销售执行的角度收集信息 形式：问卷填写（每人大约 15～20 分钟） 主要内容： 围绕 PMT 模型的要素设计题目，收集普通销售人员对当前体系的看法 例如，销售策略是否明确、表达是否清晰？您了解公司的销售奖金政策吗？您知道自己的奖金是怎样计算的吗？基本工资和目标销售奖金的组合比例恰当吗？销售奖金中团队奖和个人奖是否平衡？
外部	同业公司	目的：从外部同业公司的角度收集信息 形式：先由项目组圈定希望了解外部哪家公司的销售奖金情况（出于薪酬保密的原则，外部公司的选取数量不能过少）；然后咨询公司利用第三方身份，邀请目标公司前来参与访谈 主要内容： 围绕 PMT 模型的要素来设计题目，收集其他公司的管理实践。大体问题的框架和内部问卷很接近，便于接下来的内外部信息比较分析

① 针对管理层的问卷，更多的题目应该集中在战略层面；

② 针对基层员工的问卷，更多的题目应该集中在执行层面。

为了便于以后对比收集到的内部、外部信息，人力资源部在设计问题时需要保证口径一致。

问卷设计好之后，内外部信息的收集、整理工作基本上是同步进行的。

（2）第二阶段：资料分析阶段

资料分析阶段的主要工作就是把当前销售奖金激励体系中的

奖金体系设计（图解版）

有关信息和汇总收集的内外部信息进行综合分析。关于当前销售
奖金激励体系的有关信息，需要收集的内容如表4-22所示。

表4-22 当前政策分析内容

内部分析口径	具体内容
销售奖金激励政策汇总	汇总最近几年正在或曾经执行的销售激励政策，分析这些政策的背景、覆盖人员，以及实施的优劣势等
奖金哲学分析	分析历史的薪酬数据是否符合公司的薪酬哲学 包括： ✓ 内部薪酬结构的固浮比 ✓ 目标年度总现金在外部市场是不是具有竞争力 ✓ 销售奖金的历史发放是否和销售人员业绩有很好的关联 ✓ 高绩效销售人员的薪酬竞争力是否高于其他人员等
人效分析	用历史的财务数据和历史的薪酬数据综合比较目前销售激励体系的效能 常见的指标包括： ✓ 部门销售收入总计和部门销售人员总奖金支付的比例关系（通俗地说，就是公司每付出一元奖金，换回来多少元销售收入） ✓ 同一部门不同年份的销售收入除以销售人员总奖金的变化等

以上分析内容和第一阶段汇总的信息放在一起，结合PMT
模型的各个要素，我们可以清晰地看到：

① 针对现有政策的分析情况；

② 内部人员对销售激励体系的看法；

③ 外部市场惯用的管理实践措施。

分析汇总这三者就可以得出完整的结论。

（3）第三阶段：报告结果阶段

总结汇报阶段的成果好坏可谓是一个项目成败的关键。为了能够在短时间内把大量信息提供给管理层，项目小组在汇报内容的编排上需要深思熟虑。

结合整体要素诊断项目的流程，项目小组的汇报内容主要包括以下内容。

① 一个主文件高度概括所有的项目发现：哪些地方是我们做得好的，哪些地方是我们需要改进的。在陈述这些诊断发现的时候，宜采用内外部数据比较的方法。

② 将多个附件作为补充文件，并且都在汇报会议之前打印出来，呈现给每一位参会的管理层。这些附件可以包括：关于销售奖金激励的一般性介绍；内部调研得到的细节结论；外部调研得到的细节结论；当前公司正在执行和历史执行的有关销售奖金激励的所有政策、措施，以及相关分析。

在高度概括的主文件里，通常展示所有信息汇总之后的情况，向管理层介绍宏观的方向性内容。

表 4-23 展现了公司销售人员对 PMT 模型中不同要素的满意程度，大家普遍觉得当前的固浮比不能起到良好的激励作用、业绩衡量指标的设定有待改进等。

奖金体系设计（图解版）

表 4-23　内部人员的满意程度

PMT模型要素	销售一部	销售二部	销售三部	销售四部
适用人群	很好	很好	有待讨论	有待讨论
计算方式	有待讨论	有待讨论	需要改进	有待讨论
薪酬结构	需要改进	有待讨论	需要改进	需要改进
衡量指标	需要改进	需要改进	需要改进	需要改进
激励上限	有待讨论	有待讨论	有待讨论	很好
支付周期	有待讨论	有待讨论	有待讨论	很好

注：　😊：很好　　　😞：需要改进　　　😐：有待讨论

再如，通过外部调研，项目小组同样可以获得市场上有关以上内容的统计数据。将两者综合在一起后，项目小组发现：

① 销售奖金政策的激励作用小，不只是因为固浮比的问题（浮动奖金的比例低），还因为销售人员的年度目标总现金也低于市场平均水平；

② 销售指标过于复杂；

③ 销售激励体系过于复杂，需要更加简化。

为此，项目小组通过表 4-24 和表 4-25 所示的内容向管理层汇报做得好的地方和需要改进的地方。

154

表 4-24　当前销售激励体系的优势

PMT模型中的要素	容易理解和接受	结构优化的KPI指标	鼓励和体现团队合作	支付周期可以接受
适用人群	☺			
项目类型	☺			
衡量指标		☺		
薪酬结构			☺	
激励上限	☺		☺	
支付周期				☺

表 4-25　当前销售激励体系需要改进的地方

PMT模型中的要素	不足以带动销售团队	平均主义	不够激进
衡量指标	☹	☹	
薪酬结构			☹
激励上限		☹	

　　向管理层汇报的最后一个环节就是针对以上分析提出改进措施。这也是项目的亮点之一。人力资源管理专业人士不仅要能够发现问题，而且要能为管理层提供解决问题的建议，便于管理层做出决策。

> ⚡💡 **【案例启发】　围绕 PMT 模型的要素进行全面诊断**
>
> 　　这是一个典型的奖金体系全面诊断项目。面对错综复杂的诸多内容，该项目始终紧紧围绕 PMT 模型中的诸多要素，采用获取内部和外部信息的方法，结合公司历史和当前相关政策分析，得到综合全面的诊断结果。

4.3　现有奖金体系的迭代

　　奖金体系的迭代管理，就是针对现行的奖金体系来进行诊断，找出需要调整的地方，然后制定新方案的过程。迭代过程中非常重要的两项工作如下。

　　（1）在由于历史原因无法一蹴而就、一步到位实施新方案的时候，往往要考虑过渡方案。过渡方案的适用范围可能是政策制度覆盖的全体人员，也可能是部分人员。

　　（2）重视沟通过程。每一次面对变革（甚至只是一个小小的改变）的时候，目标群体中总会有人不能完全了解和接受这些变化。为此，宣讲工作的成败与否显得尤为重要，甚至可以这么说：方案的好坏是次要的，沟通往往是最重要的。

　　类似于奖金体系诊断的情况，迭代管理也会有局部要素的迭代、整个体系的迭代两种情况。薪酬管理者还是要回归 PMT 模型，审视以下诸多要素：哪些要素的变化可能会引发体系的调整和更迭，其可能引发的影响是什么。具体要素分析如表 4-26 所示。

表 4-26　奖金体系迭代的要素分析

类别	要素	可能引发迭代的要素以及影响
P	奖金哲学	这是影响奖金体系迭代的主要因素。奖金哲学的调整往往会牵扯其他要素进行调整
P	适用人群	可能会由于组织结构、重组等原因造成适用人群的调整。这个时候就可能需要过渡方案：现有人群已经在某一个奖金体系之中，需要时间来逐步过渡
P	薪酬结构	改变固浮比是诸多要素中比较敏感的情况。如果调整幅度较大，往往会因为宏观的预算或者微观个体的调整幅度问题，而需要制定相应的过渡方案
P	市场定位	一般来说，一家公司的市场定位往往会比较稳定。如果需要调整，就需要一定的预算支持，否则就需要利用过渡方案来逐步解决
M	衡量指标	一般是和业务指标关联，调整衡量指标需要和目标设定保持一致
M	激励上限	一般来说，激励上限的调整对于高绩效人员的实际奖金获得影响大。调整激励上限有可能会引发公司财务成本的调整
M	激励机制	激励机制往往是和业务、产品形态相关联的，也会牵扯公司对某种业绩水平的激励力度的调整。调整激励机制有可能会引发公司财务成本的调整
M	计算方式	调整计算方式有可能会引发公司财务成本的调整，或者引起员工收入的波动性和不确定性，从而对员工心理产生影响

类别	要素	可能引发迭代的要素以及影响
T	奖金类型	一般来说，奖金类型是和公司业务模式紧密联系的。由于公司并购重组、二次创业等原因造成业务模式的改变，可能会引发奖金类型的调整
	激励目标	改变激励目标的构成，会调整公司总体的激励导向，是侧重于"集体"奖金还是"个人"奖金
	支付周期	支付周期的改变，不会增加年度总收入的情况，但是会改变月度或季度的现金流构成，同时会改变对员工激励与保留的时效性
	事务管理	一般不会导致体系的调整。行政管理因素的调整会提高整体奖金管理的效率、流程，以及沟通宣传效果等

从表 4-26 对以上要素的逐一分析中不难看出，需要有过渡方案的情况大多源于"费用"。可为什么给"费用"标记了引号呢？有以下两点原因。

① 从宏观上讲，这个"费用"可能和公司总体的、部门的财务成本有关。往往因为成本增加，从而导致了公司暂时不能立刻实施过渡方案。

② 从微观上讲，可能和员工个体的工资调整幅度太大有关。这个调整的幅度有可能是向上，也有可能是向下。向上调整的幅度大，提高了员工对工资管理的预期；向下调整的幅度大，会直接打击员工的工作积极性。

【案例分析】　取消"第 13 月奖金"的过渡方案

我们继续采用局部要素诊断中提到的案例——公司管理层决定取消"第 13 月奖金"——来说明。人力资源专业人士经过诊断和分析，提出了可行性方案。管理层采纳了某一个方案之后，就需要薪酬经理考虑在奖金管理迭代中需要做些什么。

（1）需要测算一下，是否有员工会因为取消"第 13 月奖金"而导致工资的变化较大。在前文针对该案例的要素分析中看到，这次局部要素调整导致在整体奖金体系的迭代过程中，员工的工资变化幅度是可以接受的。因此，不会存在采用过渡方案的情况。

（2）员工沟通要清晰明了——有高度、有深度、有精度、有温度。

① 有高度：向员工介绍调整的背景、薪酬总体框架；

② 有深度：介绍这次调整涉及的人员、如何计算这个转化过程；

③ 有精度：用 1~2 名典型员工的具体工资变化来举例说明是如何转化的；

④ 有温度：介绍这样的转化对员工的好处。

【案例启发】 奖金体系的迭代管理是个"长期工程"

奖金体系的迭代管理，实际上是对新政策制度的落地实施管理。薪酬管理者在和受影响人群沟通交流的时候，应利用"盒子"模型（参见图 4-2）中提到的内容，从历史、未来、公司、个人等不同的维度考虑如何让受众更好地理解和接受这一改变。

另外，奖金体系的迭代问题还可能发生在企业并购重组的阶段。两家公司进行并购重组的时候，需要针对双方的奖金体系进行比对，诊断其中存在的问题，提出解决方案。不同于一家公司内部进行的迭代管理，不同公司在并购重组的时候，往往会以某一家的总体方向为主导。当薪酬管理者发现奖金体系存在差异的时候，会假设如果将这种差异要素调整到主导方向上，是否可以一步到位。如果不行，就需要制定过渡方案。

比较常见的情况是：两家公司在并购重组的过程中发现，两者的市场定位、奖金的固浮比等都大相径庭。例如，需要将其中一家公司的浮动奖金比例从总工资收入的 70% 调整为 40%。这样的调整显然不是一年或一次就可以完成的，薪酬管理者需要制订未来几年的调整计划。